KB058362

국내파 99%가 모르는
하루 10초
영어 뇌 만들기

왼쪽에서 오른쪽으로, 쓱 보고 싹 이해하는 초단기 영어 공부

국내파
99%가
모르는

하루
10초
영어뇌
만들기

윤훈관 지음

마침내 '영어의 본질'이 보이는
'나의 영어리셋 프로젝트'

왜 우리나라에서는 '입시 영어', '회화 영어', '대학 영어', '자격증 영어', '비즈니스 영어'가 따로 존재할까요? 언어를 공부하는 궁극적인 목표는 자유로운 구사인데 왜 목적을 나눠야 할까요? 영어를 읽고, 쓰고, 말하고, 듣는 것을 방해하는 요인은 과연 무엇일까요?

단순히 노력이 부족해서가 아닙니다. 수능 영어 영역에서 만점을 맞아도 외국인 앞에서 한마디도 못 하는 학생이 얼마나 많습니까. 가르치는 사람의 문제도 아닙니다. 같은 교사에게서 배워도 영어 구사 능력은 제각기 다르니까요. 경험도 아닙니다. 똑같이 유학을 갔다 와도 영어 구사 능력은 천차만별입니다.

답은 어순을 인식하는 방식입니다. 우리나라 사람들이 일본어

5

를 배우기는 상대적으로 쉽다고 하죠. 어순이 비슷하기 때문입니다. 머릿속 생각을 언어로 표현하는 순서가 같기 때문에 단어만 알고 있으면 쉽게 나열할 수 있습니다. 그렇지만 영어는 국어와 어순이 다릅니다. 그래서 머릿속에서 문장을 번역한 다음에야 말을 하는 과정을 거치게 되고, 그래서 말을 할 때 일종의 버퍼링이 걸리고 맙니다.

따라서 국어 어순을 인식하는 방식에서 영어 어순을 인식하는 방식으로 패러다임의 전환이 필요합니다. 이것만 되면 수능이든 회화 영어든 대학 영어든 자격증 시험이든 비즈니스 영어든, 그 상황에서 많이 사용하는 단어들만 알면 아주 수월하게 영어로 말할 수 있습니다. 이것이 영어의 본질이고, 본질을 알면 금방 능숙해집니다.

물론 사고의 패러다임을 전환하는 것은 결코 쉽지 않은 일입니다. 오랫동안 익숙하게 자리 잡은 생각의 방식을 바꿔야 하기 때문입니다. 그러나 꾸준히 연습하면 누구나 할 수 있습니다. 이 책에서는 한국식이 아닌 원어민식으로 생각하고 말하는 방법을 쉬운 문장부터 차근차근 연습해봅니다. 꾸준히 따라 하다 보면 점점 감이 올 것이고, 어느새 영어식으로 생각하고 있는 자신을 발견할 것입니다.

이 책을 우연히 책을 발견했건, 영어에 대한 끝없는 갈증으로 이 책을 마주하게 되었건, 이 만남은 무한한 가능성을 향한 도약이 될 것입니다. 그동안 배웠던 구태의연한 영어 구사 방식을 리셋하고, 영어를 자유자재로 사용하는 사람이 되어봅시다. 이제 함께 시작해보시죠.

2023년 2월

윤훈관

하루 10초
영어 뇌 만들기 프로젝트, 이렇게 시작해보세요!

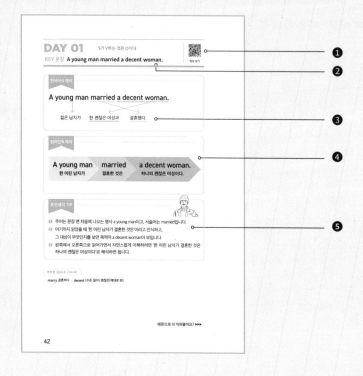

❶ QR코드를 찍으면 각 DAY에 해당하는 강연 영상을 바로 볼 수 있어요!

❷ 먼저! 문장이 쓰인 순서 그대로 해석해보세요!

❸ 화살표를 따라가면서 한국어식의 '결과론적' 의역과 비교해보세요!

❹ 다시, 문장의 본질적인 메시지를 생각하며 왼쪽에서 오른쪽으로 쓱! 원어민의 관점으로 이해해 보세요!

❺ 원어민들은 어떻게 문장의 메시지를 파악하고, 각 문장 성분을 어떻게 이해하는지, 전치사와 접속사를 통해 어떻게 문장을 확장하고 구체화하는지 훈관쌤의 TIP을 통해 '읽는 순간' 입력되고 '생각하는 순간' 말하게 되는 영어 뇌를 만들어보아요!

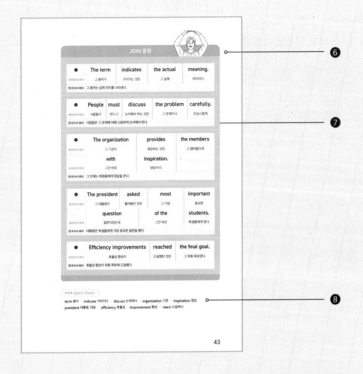

❻

❼

❽

❻ 하루에 10초! 다양한 예시 문장을 함께 따라 읽으며 원어민적 관점을 다져볼까요?

❼ 원어민적 해석과 한국어식 해석이 함께 나열되어 있어 차이를 직관적으로 알 수 있어요!

❽ 핵심 단어, 핵심 표현도 잊지 마세요!

차례

PART 3
'생각하는 순간' 영어로 말하는 방법
· SPEAKING ·

PART 1

당신의
영어가
제자리걸음인
이유

Chapter 1

—

우리나라
영어 교육의 한계점

변하지 않는
영어 교육

우리나라 영어 공교육은 보수적이다. '평생 영어 공부를 했는데 영어 한마디 제대로 할 수 없다'는 말을 흔히 한다. 최근 영어 교육의 트렌드가 조금은 바뀌고 있는 것 같지만 이는 사교육을 통한 전환이지, 공교육의 본질적 전환이 아닌 듯하다. 대한민국 영어 교육이 애초에 영어 지문을 결과론적으로 '해석'하는 방법이 아닌, 쓰인 그대로 '이해하는 방법'에 초점을 맞추었다면 학생들의 영어 실력이 많이 달라졌을 것이다.

학교에서는 영어 학습자를 '번역가'로 만드는 공부를 시킨다. 영어를 학습하는 사람 중 꿈이 번역가인 사람은 그리 많지 않다. 하지만 대한민국 영어 교육은 번역가를 기르는 것을 목표로 하고 있는 것처럼 보인다.

The environmentalists are saying that the CO2 emission increase is same as the human extinction.

가령 이런 문장이 있을 때, 대한민국 영어 교육은 이를 '번역'하는 연습을 시킨다. 번역은 다음과 같다.

"환경주의자들은 이산화탄소(CO2) 배출 증가는 인간의 멸종과 같다고 말하고 있다."

번역을 하면 안 된다는 뜻이 아니다. 이렇게 문장이 가진 의미를 정확하게 번역하는 '의역'은 문장을 정확하게 국어로 바꾸는 것으로 나름의 의미가 있다. 하지만 우리가 애초에 영어 공부를 하는 이유가 무엇인가? 거의 대부분의 영어 학습자들은 '긴 지문을 빠르게 읽어내는 것'을 목표로 한다.

의역을 하기 위해서는, 문법적 지식을 알아야 한다. 그리고 이 문법적 지식에 기반하여 문장을 '분석'해내야 한다. 주어는 the environmentalist이고, are saying이 동사이기 때문에, 동사는 한국어로 '~라고 말하고 있다'로 마지막에 해석해야 한다고 파악하게 된다. 그리고 saying 뒤에 있는 that은 명사절 접속사로 '~한 것'이라고 해석한다. 그 외에도 여러 가지 문법적 지식이 있을 것이다. 만약 학습자 입장에서 이런 문법적 지식 중 하나라도 구멍이 난다면? 그 문장을 이해하지 못하게 될 가능성이 크다.

그러나 영어를 굳이 번역할 필요가 없다. 이해만 하면 된다. 글을 읽으면서 왼쪽에서 오른쪽으로 무슨 말인지에 상이 잡히면 된다는 말이다. 그러기 위해서는 최소한의 지식이 필요하다. 문장 요소들을 해석하는 방법, 그리고 이해하는 방법에 약간의 인사이트를 더하면 된다. 다음과 같이 해석해보자.

The environmentalists are saying that the CO_2 emission
그 환경주의자들이 말하고 있는 건 그건 그 이산화탄소 배출
increase is same as the human extinction.
증가는 같다는 것이다 바로 그 인간의 멸종과.

분명 의역하지 않고 결과론적으로 해석하지 않았음에도 무슨 말인지 알 수 있다. 또한 해설지에 쓰여 있을 법한 해석이 아님에도 단번에 이해가 된다. 이러한 방법이 바로 실제로 지문을 읽으면서 이해하는 방법이다.

능력 있는 강사가
영어 교육을 망친다

대한민국 영어 교육이 본질적으로 바뀔 수 없는 이유 중 하나는 '능력 있는 강사'의 기준이 '평균적 학생'들을 가장 많이 끌어모으는 강사이기 때문이다. 즉 평균에 맞추어 수업을 할 줄 알아야 학생들의 관심을 받을 수 있고, 이들의 요구를 충족시킬 수 있기 때문이다.

그런데 평균적인 학생들은 영어의 본질을 이해하는 학생이 아닌, 한국식 영어 교육에 익숙한 학생들이다. 결국 능력 있는 강사는 이러한 '한국식 문법 설명'에 초점을 맞추어 교육하는 사람들을 가리키게 되어, 영어 교육은 본질적으로 바뀌기 어려운 구조가 되는 것이다.

영어 실력의 본질은 '결과론적 한국식 해석'이 아닌 '원어민적 문장의 이해'라는 것을 앞서 강조했다. 우리나라가 '능력 있는 강사'에 대한 기준을 바꾸지 않는 이상, 영어를 잘한다는 것을 '문법적 지식'을 갖추는 것이 아닌 영어에 대한 '실질적 이해'를 하는 것으로 전환하지 않는 이상, 영어 교육 자체가 바뀌기는 어려울 것이다.

공부라는 것이 무엇인가. 공부는 객관적인 대상을 바라보는 '본질적 통찰력'을 배양하는 과정이다. 하지만 대부분 '높은 점수' 자체가 중요하다 보니, 학생은 그 공부 대상에 대해 깊은 고민은 하지 않은 상태로 '시험에 무엇이 나올지'에 대해 콕 집어주는 수업을 듣게 된다.

이 같은 접근에는 두 가지 문제점이 있다. 첫째, 점수 향상에 초점을 맞추어 시험 유형 등에 대해서 족집게식으로 공부하는 것은 '이해'가 아닌 암기에 기반한 공부다. 따라서 '응용' 내지는 '변형' 문제에 취약하게 된다. 둘째, 하나의 시험을 운이 좋게 잘 봤어도, 다른 유형의 영어 시험은 다시 공부해야만 하는 상황에 놓이게 된다.

학원은 무엇을 좋아할까? 본질적인 실력을 확실히 높여서 학생 스스로가 시험 유형만 알면 점수가 잘 나올 수 있는 상황일까? 아니면 시험마다 그 시험 유형에 필요한 지식을 '암기하듯' 공부하는 상황일까? 한 학원 안에 여러 가지 자격증 수업(토익, 토플, 텝스, 오픽 등)이 있는 것을 보면, 확실히 후자를 더 선호하는 것 같다.

나 또한 학원 종사자로서 분명히 할 수 있는 말은 이것이다. 이러한 학원 시스템은 시험 유형에 따라 여러 수업을 마련해놓을 뿐

이다. 본질적인 영어 실력을 향상시키는 것은 학생 스스로가 해야 하는 일이다. 그러기 위해서는 유형보다 먼저 영어의 본질을 공부해야 한다. 어떤 시험을 보는지와 상관없이 일정 수준 이상의 점수는 확보해놓고, 해당 시험의 유형은 파악 정도만 하는 방식으로 공부해야 한다. 유형을 잘 안다고 점수가 극적으로 오르진 않지만, 본질적인 영어 실력 자체가 좋으면 점수는 반드시 극적으로 오르게 되어 있다. 즉 '지식'보다는 영어라는 언어를 이해하는 방법 자체를 학습해야 하는 것이다.

Chapter 2

—

영어의 본질
바로잡기

영어는 이해의 대상이지
분석의 대상이 아니다

영어를 자연스럽게 이해하기 위해서는 영어를 분석해야 하는 대상으로 바라보면 안 된다. 영어를 하나의 언어로 자연스럽게 받아들이기 위해서는 문장을 구성하는 문장성분(주어, 서술어, 목적어, 보어)에 대해 '단순하고' '자연스럽게' 이해할 수 있어야 한다.

'단순하게' 이해한다는 것은, 각 문장성분의 사전적인 정의가 아니라 문장 안에서 실질적으로 어떤 역할을 하는지를 이해하는 과정이다. '자연스럽게' 이해한다는 것은 문장 안에서 실질적으로 하는 역할에 따라 우리의 모국어인 한국어로 받아들이는 과정이다.

Example **The man knows that she is smart.**

학국식 문법에 익숙한 사람이 이 문장을 '이해'하는 방법은 '그 남자는 그녀가 똑똑하다는 것을 안다'이다. 하지만 이렇게 이해하는 순간 영어 문장 구조와 한글 해석 방식이 완전한 불일치에 놓이게 된다.

영어가 쓰인 방식은 The man knows(그 남자가 아는 것은)으로 시작하는데, 한국식 문법에 익숙하여 동사를 맨 마지막에 해석한다는 생각에 기반한다면 knows(알다)라는 해석을 맨 마지막에 붙이기 때문이다. 이러한 이해 방식이야말로 영어를 학습하는 사람들의 사고를 처참히 무너뜨리는 방식이다.

또한 한국식 문법에 익숙한 사람이 that을 볼 때에는 know라는 동사 뒤에 나온 '명사절 접속사'를 상기시키면서 명사절 접속사를 해석하는 방법을 떠올리게 된다.

명사절 접속사는 '~한 것'이라고 해석한다고 배웠으니 that 뒷부분을 '그녀가 똑똑하다는 것'이라고 해석하여 완성된 형태인 '그 남자는 그녀가 똑똑하다는 것을 안다'와 같이 해석하게 된다.

완전히 문장을 오해한 것이다. 이 문장을 왼쪽에서 오른쪽으로 쓰인 그대로 이해하는 방식은 that이라는 접속사를 그저 단순히 '그것'이라고 해석하면서 넘어가는 것이다. 결론적으로 '그 남자가 아는 것은 그것은 그녀가 똑똑하다는 것이다'와 같이 이해할 수 있어야 영어 문장을 있는 그대로 받아들인다고 볼 수 있는 것이다.

영어식 사고를
모방하는 데에서 시작하라

백번 한국식 문법으로 영어를 읽는 것보다 단 한 번 영어를 잘하는 사람의 사고가 어떻게 흘러가는지를 이해하는 것이 실질적인 영어 실력 향상에 도움이 된다.

영어를 잘하는 사람들의 머릿속을 들여다보면 영어를 인지하는 방식이 본질적으로 다르다는 것을 알 수 있다. 이것이 바로 유학 경험이 유학생들에게 주는 실질적으로 유일한 언어 이해 방법 차이기도 하다. 유학에 큰돈을 투자하는 이유가 바로 이 단 하나의 '영어를 바라보는 본질적 사고'를 얻기 위해서라고 봐도 무방할 정도로 중요한 사실이다.

학계에서는 이러한 사고를 얻기 위해서는 critical age(결정적 나이) 이전에 유학을 가야 한다고 얘기하는데, 이는 반은 맞고 반은 틀리

다고 생각한다. 성인이 되어서도 누구나 언어의 본질에 대해서 이
해하고 이를 훈련만할 수 있다면 충분히 영어 실력을 원어민과 같
은 수준으로 끌어올릴 수 있다.

Example **I love you.**

한국식 문법에 익숙한 사람이 이 문장을 '이해'하는 방법은 '나
는 너를 사랑한다'다.

주어 I를 '나는'이라고 해석하고, 목적어 you를 '너를'로 이해한
후 서술어 love를 '사랑한다'와 같이 '결과론적'으로 이해하는 것이
다. 하지만 영어라는 언어의 본질에 입각해서 이해하는 사람은 이
문장을 '내가 사랑하는 건 너다'와 같이 이해한다.

물론, 세부적인 조사 해석 방식은 다를 수 있겠지만, 본질적인
이해 방식은 문장이 쓰인 그대로 왼쪽에서 오른쪽으로 흘러가는
것이다.

'왼쪽에서 오른쪽으로'라는 말이 매우 중요하다. 우리는 문장이
쓰인 순서 그대로 이해해야 하는 것이지, 이를 우리 마음대로 재조
합하는 습관에 사로잡혀서는 영어의 본질을 평생토록 이해할 수
가 없다.

한국식 문법으로 영어를 설명하는 것보다 원어민들이 영어를

받아들이는 방식을 이해하는 것이 중요하다. 영어 공부가 망가지기 시작하는 순간은 바로 영어 문법 개념을 사전적 정의에 따라 무비판적으로 받아들이기 시작하는 단계다. 하나의 언어를 이해한다는 것은 그 언어를 구사하는 사람들이 세상을 바라보는 방식을 이해하는 것에서 시작하기 때문에, 원어민들이 세상을 이해하는 방식을 먼저 알아야 한다.

Chapter 3

—

영어식으로
문장 구성하기

01

영어의 핵심,
메시지와 구체화

영어는 '세상을 바라보는 창'이다. 세상은 크게 보면 '이름 붙일
수 있는 것들'의 나열이다. '이름 붙일 수 있는 모든 것'을 '명사'라
고 칭하는데, 영어를 비롯한 모든 언어는 이러한 명사들을 한 문장
에 나열하는 것을 기본 골조로 한다.

우리가 앞으로 사용하게 될 문장성분(주어, 서술어, 목적어, 보어)을
명사 중심으로 이해해보자. 언어마다 명사를 나열하는 방식에 차
이가 있기에, 원어민들이 문장 안에 명사를 나열하는 방식을 이해
하기만 하면, 모든 영어 문장을 원어민처럼 받아들일 수 있다.

영어에서는 크게 두 가지 과정을 통해 의사를 표현한다. 그건 바
로 '메시지'와 '구체화'다.

먼저 전달하고자 하는 본질적 메시지를 표현한다. 영어는 기본적으로 SVOC(주어, 서술어, 목적어, 보어)를 사용하여 전달하고자 하는 본질적 메시지를 글로 표현한다.

본질적 메시지를 서술하는 과정에서 앞서 서술한 것을 전치사와 접속사를 통해 '구체화'해나간다.

예1) I live in Seoul with my husband.

① I live(내가 산다)라는 본질적인 메시지를 담고 있는 문장을 서술한다.

② 구체적으로 어디에 사는지를 in Seoul로 표현한다.

③ 구체적으로 누구와 사는지를 with my husband로 표현한다.

결론적으로 이 문장은 '내가 사는 건 바로 서울에 바로 내 남편과 이다'라고 이해할 수 있다. 의역하면 '나는 남편과 서울에 산다'이겠지만, 그것은 영어의 본질을 이해한 것이 아닌, 단순히 한국어로 번역기를 돌려서 결과론적으로 받아들인 것이다.

예2) The man knows the woman that I know.

① The man knows the woman(그 남자가 아는 것은 그 여자다)이라는 문장을 서술한다.

② that I know(그건 내가 아는 것이다)로 the woman이 특히 어떤 woman인지를 구체적으로 서술한다.

결론적으로 이 문장은 '그 남자가 아는 것은 그 여자인데 그건 내가 아는 여자이다'와 같이 이해할 수 있다. 영어는 계속해서 주저리주저리 구체적인 정보를 제시하려 한다고 생각해야 한다.

물론 '그 남자는 내가 아는 여자를 알고 있다'와 같이 의역할 수 있다. 하지만 그것은 영어의 본질을 이해하며 문장을 읽어나가는 것이 아니라 '관계대명사절 that I know가 the woman을 후치수식한다'와 같은 문법적 개념하에 결과론적으로 받아들인 것이다.

문장을 자연스럽게 이해하고자 하는 사람은 문장을 왼쪽에서 오른쪽으로 자연스럽게 이해하는 원어민적 관점에 기반하여 읽어야지, 결과론적인 의역 방법을 학습하면 느리고 복잡하게 읽게 된다. (아무리 배워도 문법적인 지식이 완벽해지지 않아 결국엔 한국식으로 의역마저도 잘 못하게 되는 건 덤이다.)

결론적으로 하나의 언어를 배운다는 것은 그 언어를 구사하는 사람이 언어를 통해서 전달하고자 하는 사고를 학습하는 것이다. 안 배워서 영어를 못하는 건 당연하지만 배우고도 영어를 못하는 것은 바로 이와 같은 맥락을 간과한 채 학원에서 외우라고 하는 문법적 지식이나 표현 등에만 매몰되어 있기 때문이다.

영어 문장을
구성하는 법

국어는 기본적으로 '주체-객체-서술' 순으로 문장이 구성된다. 예를 들어 '나는 너를 사랑한다'라는 문장은 '나'라는 '주체'가 '너'라는 '객체'를 '사랑하는 상태'라는 서술을 하는 것이다.

반면 영어는 '주체-서술-객체' 순으로 문장을 구성한다. 예를 들어 I love you라는 문장은 'I'라는 '주체'가 'love'라는 행위를 한다고 '서술'하는데 그것의 대상이 'you'라는 '객체'라고 볼 수 있다. 이처럼 영어와 국어는 애초에 문장을 받아들이고 구사하는 방식 자체가 다르다. 따라서 각각의 언어를 구사할 때는 다른 인지 방식을 사용해야 한다.

그러나 우리는 학교, 학원에서 배운 문법 지식에 사로잡혀 있다. 그래서 영어를 읽을 때 문장을 쓰인 그대로 눈이 왼쪽에서 오른쪽으로 흘러가면서 읽는 것이 아니라, 한국식으로 주어, 동사부터 찾아낸 후에 의역하려고 한다.

생각과 동시에 말로 나올 수 있는 것은 국어의 문장 구조에 익숙하기 때문이다. 그래서 무의식적이고 반사적으로 생각을 즉각 말로 뱉을 수 있다. 이를 반대로 생각하면 영어를 자유자재로 구사하기 위해서는 생각부터 '영어적'으로 해야 한다는 뜻이 된다. 예를 들어 사과가 먹고 싶다고 말할 때 국어를 사용하는 사람은 '나는 사과가 먹고 싶다'가 아니라 '내가 먹고 싶은 것은 사과이다'와 같이 사고해야 한다.

언어를 공부하는 과정에서 '원어민들이 실제로 사용하는 표현'과 같은 팁을 본 적이 있을 것이다. 예를 들어 'Let me buy this for you(내가 사줄게)'보다는 'It's on me(내가 낼게)'와 같은 표현을 더 많이 쓴다는 식으로 말이다. 이는 실제로도 맞는 말이지만, 이런 표현을 몇 개 알고 있다고 해서 영어를 잘할 수 있는 건 아니다. 다양한 실제 상황에 적합한 말, 내가 하고자 하는 말을 영어 문장으로 처음부터 끝까지 표현하는 연습이 우선되어야 한다.

더 나아가 문장을 확장하기 위해 '접속사'를 사용한다. 실생활 말하기에서 가장 많이 사용하는 접속사는 'that'이다. 접속사 that의 쓰임새가 다양한 이유는 아주 단순하게 '그것은'으로 해석되기 때문이다.

'그것은'이라는 말은 어느 나라 언어에서나 존재하는 '지칭' 역할을 한다. 직관적으로 무언가를 가리키는 역할을 한다는 것이다.

이 원리만 알면 접속사를 스피킹에서 that을 자유자재로 활용할 수 있다. 다만 그러기 위해서는 앞서 배운 기본 문장 순서를 'S가 V 하는 것은'과 같이 시작할 수 있어야 한다.

한국어 문장은 다음과 같은 순서로 사고하고 문장을 구사한다.

한국어 나는 그 사람이 공부를 열심히 한다는 것을 알고 있다.

반면 영어 문장은 앞서 배운 바에 따라 다음과 같이 생각해야 한다.

영어 내가 알고 있는 것은 '그것은' 그 사람이 열심히 하는 것은 공부라는 것이다.

'그것은'이 가리키는 것은 '내가 알고 있는 것'을 가리키고, 구체적으로 뒤에서 '내가 알고 있는 것'이 무엇인지를 제시한다.

위 영어 문장을 단순히 영어로 나열하면 다음과 같다.

영어 문장 I know that the person is trying hard to study.

이렇게 연습하는 방법을 PART 3에서 자세히 소개하겠다.

PART 2

영어를 '읽는 순간' 이해하는 법

· READING ·

Chapter 4

—

한 문장을 제대로 이해해야
긴 문장도 정복할 수 있다

DAY 01

S가 V하는 것은 O이다

KEY 문장 **A young man married a decent woman.**

영상 보기

한국어식 해석

A young man married a decent woman.

젊은 남자가   한 괜찮은 여성과   결혼했다.

원어민적 해석

A young man 한 어린 남자가 | **married** 결혼한 것은 | **a decent woman.** 하나의 괜찮은 여성이다.

훈관쌤의 TIP

❶ 주어는 문장 맨 처음에 나오는 명사 a young man이고, 서술어는 married입니다.

❷ 여기까지 읽었을 때 '한 어린 남자가 결혼한 것은'이라고 인식하고,
그 대상이 무엇인지를 보면 목적어 a decent woman이 보입니다.

❸ 왼쪽에서 오른쪽으로 읽어가면서 자연스럽게 이해하려면 '한 어린 남자가 결혼한 것은
하나의 괜찮은 여성이다'로 해석하면 됩니다.

▶▶▶ Quick Check!

· **marry** 결혼하다 · **decent** (수준·질이) 괜찮은[제대로 된]

예문으로 더 익혀볼까요? ▶▶▶

42

❶

The term	indicates	the actual	meaning.
원어민적 해석 그 용어가	가리키는 것은	그 실제	의미이다.

한국어식 해석 그 용어는 실제 의미를 나타낸다.

❷

People	must	discuss	the problem	carefully.
원어민적 해석 사람들이	반드시	논의해야 하는 것은	그 문제이다	조심스럽게.

한국어식 해석 사람들은 그 문제에 대해 신중하게 논의해야 한다.

❸

The organization	provides	the members
원어민적 해석 그 기관이	제공하는 것은	그 멤버들인데

with	inspiration.
원어민적 해석 그건 바로	영감이다.

한국어식 해석 그 단체는 회원들에게 영감을 준다.

❹

The president	asked	most	important
원어민적 해석 그 대통령이	물어봤던 것은	그 가장	중요한

question	of the	students.
원어민적 해석 질문이었는데	그건 바로	학생들에게 였다.

한국어식 해석 대통령은 학생들에게 가장 중요한 질문을 했다.

❺

Efficiency improvements	reached	the final goal.
원어민적 해석 효율성 향상이	도달했던 것은	그 최종 목표였다.

한국어식 해석 효율성 향상이 최종 목표에 도달했다.

▶▶▶ Quick Check!

· term 용어 · indicate 가리키다 · discuss 논의하다 · organization 기관 · inspiration 영감
· president 대통령, 대표 · efficiency 효율성 · improvement 향상 · reach 도달하다

DAY 02

S가 V한 것은 O인데 in/on/at 그건 바로
명사 에서,에,쪽으로 이다

영상 보기

KEY 문장   **A young man married a decent woman
on November 11th.**

한국어식 해석

A young man married a decent woman

한 젊은 남자가   11월 11일에   괜찮은 여자와   결혼했다.

on November 11th.

원어민적 해석

A young man
하나의 어린 남자가

married
결혼한 것은

a decent woman
하나의 괜찮은 여자인데

on November 11th.
그건 바로 11월 11일이다.

훈관쌤의 TIP

❶ 하나의 문장을 구사할 때 어떤 사건이 어디에서, 언제, 왜, 어떻게 벌어졌는지와 같이 구체
   적 정보를 제시하는 경우가 있습니다.

❷ on November 11th 앞부분까지는 앞에서 배운 것과 똑같이 해석해줍니다. '한 어린 남자
   가 결혼한 것은 하나의 괜찮은 여성이다.'

❸ 이때 전치사 on과 명사 November 11th가 '구체적 시간'을 알려주기 때문에, 이를 '구체
   화한다'라고 봅니다.

▶▶▶ Quick Check!

· November 11월

예문으로 더 익혀볼까요? ▶▶▶

44

JOIN 문장

❶

His training	at	the college	was short.
원어민적 해석 그의 훈련	그건 바로	그 대학에서의 훈련인데	그것은 짧았다.

한국어식 해석   그는 대학에서 짧은 훈련을 받았다.

❷

Students	provided	each other	with
원어민적 해석 학생들이	제공했던 것은	서로에게	바로

valuable	resources.
원어민적 해석 가치 있는	자원들이었다.

한국어식 해석   학생들은 서로에게 귀중한 자원을 제공했다.

❸

Politics	imposes	responsibilities
원어민적 해석 정치가	부여하는 것은	책임인데

on the related	stakeholders.
원어민적 해석 그건 바로 그 관련된	이해관계자들이다.

한국어식 해석   정치는 관련 이해관계자들에게 책임을 부과한다.

❹

I	woke up	to the noise	of	the cars.
원어민적 해석 내가	잠에서 깼던 것은	바로 그 소리 때문인데	그건 바로	그 자동차의 소리 때문이었다.

한국어식 해석   나는 차들의 소음에 잠에서 깼다.

❺

The teacher	treated	him	differently
원어민적 해석 그 선생님이	대우한 건	그를	다르게였는데

from	the other.
원어민적 해석 그건 바로	그 다른 사람들과 다르게였다.

한국어식 해석   선생님은 그를 다른 사람들과 다르게 대했다.

▶▶▶ Quick Check!

· **college** 대학 · **valuable** 가치 있는 · **resource** 자원 · **impose** 부여하다 · **responsibility** 책임감
· **stakeholder** 이해관계자 · **treat** 대우하다

DAY 03

S가 V하는 것은 S가 V하는 것이다

KEY 문장   **The wife asked the husband to buy a new car.**

영상 보기

한국어식 해석

The wife asked the husband to buy a new car.

아내는   남편에게   새 차를 사달라고   부탁했다.

원어민적 해석

The wife
그 아내가

asked
요청한 것은

the husband
그 남편이

to buy
바로 구매하는 것이다

a new car.
하나의 새로운 차를.

훈관쌤의 TIP

❶ 영어 문장은 기본적으로 SV의 반복입니다. 정말 많은 문장이 단순히 SV 덩어리를 나열하는 방식으로 만들어집니다.

❷ 흔히 5형식 문장이라고 불리는 문장은 겉으로 보기에는 SVOC(주어-서술어-목적어-보어)의 형태를 띠고 있습니다. 하지만 C(보어)의 자리에 to V(to부정사) 혹은 V(동사 원형)가 위치하는 경우, 앞의 SV가 뒤에 언급되는 SV에 영향을 미친다는 의미를 갖습니다. 따라서 위 문장의 해석도 SV의 해석을 두 번 반복하면 되는 것이죠.

▶▶▶ Quick Check!

· **wife** 아내 · **husband** 남편

예문으로 더 익혀볼까요? ▶▶▶

46

JOIN 문장

❶	**The young people**	**asked**	**the old people**
원어민적 해석	그 어린 사람들이	물어본 것은	그 나이 든 사람들에게 인데
	to	**leave.**	
원어민적 해석	그건 바로	(그들이) 떠나줄 수 있는지 였다.	
한국어식 해석	젊은이들은 노인들에게 떠나라고 했다.		

❷	**Citizens**	**persuaded**	**the mayor**	**to**
원어민적 해석	시민들이	설득했던 것은	그 시장인데	그건 바로
	balance	**the cost**	**and the benefits.**	
원어민적 해석	그가 균형 잡는 것이	그 비용과	이익이도록이었다.	
한국어식 해석	시민들은 시장에게 비용과 혜택의 균형을 맞추라고 설득했다.			

❸	**George**	**saw**	**Josh**
원어민적 해석	조지가	본 것은	조시가
	swimming	**in**	**the icy water.**
원어민적 해석	수영하는 것이었다	바로	그 얼음물에서.
한국어식 해석	조지는 조시가 얼음물에서 수영하는 것을 보았다.		

❹	**The king**	**ordered**	**the other species**
원어민적 해석	그 왕이	명령했던 것은	그 다른 종들인데
	to	**be killed.**	
원어민적 해석	그건 바로	(그것들이) 죽임 당하도록 이다.	
한국어식 해석	왕은 다른 종들을 죽이라고 명령했다.		

❺	Old people	wanted	their family
원어민적 해석	나이 든 사람들이	원했던 것들은	그들의 가족들이
	to	**be in peaceful state.**	
원어민적 해석	바로	평화로운 상태에 있는 것이었다.	
한국어식 해석	노인들은 그들의 가족이 평화로운 상태에 있기를 원했다.		

▶▶▶ Quick Check!

· **citizen** 시민 · **persuade** 설득하디 · **balance** 균형을 맞추다 · **cost** 비용 · **benefit** 이익 · **order** 명령하다
· **species** 종 · **state** 상황, 상태

DAY 04

S가 V한 것은 O에게 O이다

KEY 문장 **The couple's friends wished them the best luck.**

영상 보기

한국어식 해석

The couple's friends wished them the best luck.

그 커플의 친구들은   그들의 행운을   빌었다.

원어민적 해석

The couple's
그 커플의

friends
친구들이

wished
바랐던 것은

them
그들에게

the best luck.
최고의 운이었다.

훈관쌤의 TIP

① 영어는 효율적인 메시지 전달을 중요시하는 언어이기 때문에 자주 쓰이는 표현들은 하나의 문장 형식을 따릅니다. 특히 사람들 간에 무언가를 주고받는 행위는 너무나도 빈번하게 이루어지므로 항상 4형식을 따릅니다.

② 4형식은 단순히 물건 등을 주고받는 행위뿐 아니라 추상적인 무언가를 사람들 사이에 주고받는 의미를 가집니다.

③ 이 문장에서는 S(주어, 즉 처음 나온 명사)가 V(특정 행위를 해서) O(새로 나온 명사에게) O(또다시 새로 나온 무언가)를 준다는 의미입니다. 따라서 '그 커플의 친구들이 바랐던 것은 그들(즉 그 커플)에게 최고의 운이었다'와 같이 이해할 수 있습니다.

▶▶▶ Quick Check!

· **wish** 바라다, 빌다

예문으로 더 익혀볼까요? ▶▶▶

49

❶	On	his seventeenth birthday	his dad
원어민적 해석	바로	그의 열일곱 번째 생일에	* 그의 아버지가
	handed	**him**	**a big envelope.**
원어민적 해석	건넨 것은	그에게	하나의 큰 봉투였다.
한국어식 해석	그의 일곱번째 생일에, 그의 아버지가 그에게 건넨 것은 큰 봉투 하나였다.		

❷	The author	wrote	many novels	and
원어민적 해석	그 작가가	썼던 것은	많은 소설이었고	그리고
	some gained	**him**	**a wide audience.**	
원어민적 해석	몇몇이 얻어준 것은	그에게	하나의 넓은 관객층이었다.	
한국어식 해석	그 작가는 많은 소설을 썼고 그중 일부는 많은 독자를 얻었다.			

❸	The tone	in	another's voice	gives
원어민적 해석	그 톤	바로	타인의 목소리 톤이	주는 건
	us	**an enormous amount of**		**information.**
원어민적 해석	우리에게	하나의 엄청난 양의		정보이다.
한국어식 해석	다른 사람의 목소리의 톤은 우리에게 엄청난 양의 정보를 준다.			

❹	His uncle,	a tall silent pilot,	brought
원어민적 해석	그의 삼촌,	그는 하나의 키 큰 조용한 파일럿인데,	그가 사준 것은
	her	**a bunch of**	**red party balloon.**
원어민적 해석	그녀에게	한 움큼의	빨간 파티용 풍선이었다.
한국어식 해석	키가 크고 조용한 조종사인 그의 삼촌은 그녀에게 빨간 파티용 풍선 한 다발을 사주었다.		

❺	She	would read	her daughter
원어민적 해석	그녀가	꼭 읽어주곤 했던 것은	그녀의 딸에게
	a story	**at night.**	
원어민적 해석	하나의 이야기였다	바로 밤에.	
한국어식 해석	그녀는 밤에 그녀의 딸에게 이야기를 읽어주곤 했다.		

▶▶▶ Quick Check!

· **hand** 건네다 · **envelope** 봉투 · **author** 작가 · **novel** 소설 · **gain** 얻다 · **wide** 넓은 · **audience** 관객
· **tone** 톤, 음조 · **enormous** 엄청난 · **amount** 양 · **silent** 조용한 · **pilot** 조종사 · **a bunch of** 움큼, 묶음
· **would** (조동사) 꼭 ~하곤 하다

DAY 05

S의 V는 C상태이다

The couple appeared happy.

영상 보기

한국어식 해석

The couple appeared happy.

그 커플은   행복해   보였다.

원어민적 해석

The couple **appeared** **happy.**
그 커플   모습이   행복해 보였다.

훈관쌤의 TIP

① 영어는 V(서술어)가 어떤 의미를 가지고 있느냐에 따라 문장 형식이 정해집니다. 예를 들어 V(서술어)가 S(주어)의 상태를 서술하면, V(서술어) 뒤에는 S(주어)의 상태가 구체적으로 어떤 상태인지를 알려주는 C(보어)가 나옵니다.

② V의 의미에 따라 문장의 형식이 정해집니다. SVC의 문장 형식은 주어(S)의 상태가 어떤지 서술어(V)를 보어(C)로 구체화한다고 볼 수 있습니다.

③ 따라서 The couple appeared happy는 The couple(그 커플) appeared(모습이) happy(행복해 보인다)와 같이 이해할 수 있습니다.

▶▶▶ Quick Check!

· **appear** 모습이 ~게 보이다.

예문으로 더 익혀볼까요? ▶▶▶

JOIN 문장

---

❶

The professor	of King's college	remained	calm

원어민적 해석: 그 교수 / 그는 바로 킹스 칼리지의 교수인데 / 그의 상태는 / 차분했는데

even	in the midst of	the chaos.

원어민적 해석: 심지어 / 바로 그 도중 / 바로 그 혼돈의 도중에도 (차분했다).

한국어식 해석: 킹스 칼리지의 교수는 심지어 혼돈 속에서도 침착함을 유지했다.

---

❷

The amazing device	became	important

원어민적 해석: 그 놀라운 장치가 / 점점 / 중요해졌던 것은

in	everyday lives.

원어민적 해석: 바로 / 매일매일의 삶에서 였다.

한국어식 해석: 그 놀라운 장치는 일상생활에서 중요해졌다.

---

❸

The hotel restaurant's soup	smelled	so good.

원어민적 해석: 그 호텔 식당의 수프 / 냄새가 / 좋았다.

한국어식 해석: 그 호텔 식당의 수프는 냄새가 매우 좋았다.

---

❹

For the guide,	the cake	tasted

원어민적 해석: 바로 그 가이드에게는 / 그 케이크 / 맛이

amazing	like it did	10 years ago.

원어민적 해석: 놀라웠다 / 바로 이것이 그랬던 것처럼 / 10년 전에.

한국어식 해석: 가이드를 위해, 그 케이크는 10년 전처럼 놀라운 맛이 났다.

---

❺

After the marathon,	the runner	seemed	very tired.

원어민적 해석: 바로 그 마라톤 다음에, / 그 달리는 사람들이 / 모습이 / 매우 피곤해 보였다.

한국어식 해석: 마라톤이 끝난 후 주자들은 매우 피곤해 보였다.

▶▶▶ Quick Check!

· professor 교수 · remain 상태가 ~하다 · calm 차분한 · in the midst of 바로 ~ 도중, 한가운데에서
· chaos 혼란 · smell 냄새, 냄새가 나다

DAY 06   S가 V한다

KEY 문장   **A: How much do you need?**
            B: 50,000won will do.

한국어식 해석

A: How much do you need?
B: 50,000won will do.

A: 얼마나   필요하세요?
B: 5만 원이면   돼요.

원어민적 해석

A
How   **much**   **do you need?**
얼마나   많이   당신은 필요한가?

B
50,000won   **will do.**
50,000원이면   충분해요.

훈관쌤의 TIP

① 의문문은 why/where/when/who/which/how와 같은 의문사를 문장 앞에 붙입니다.

② How much는 '얼마나 많이'로 해석하여 문장을 시작합니다.

③ 의문문에서는 do/does를 중간에 놓습니다(서술어는 원래 중간에 위치하는 것이기 때문에).

④ you need는 '주어-동사'로 실질적인 의미를 가진 부분이며, '당신은 필요한가?'로 마무리할 수 있습니다.

▶▶▶ Quick Check!

· how much 얼마만큼, 어느 정도

예문으로 더 익혀볼까요? ▶▶▶

JOIN 문장

❶

	The process	worked	very well	50 years ago.
원어민적 해석	그 절차가	작동한 것은	매우 잘 이었다	50년 전에.

한국어식 해석 그 절차는 50년 전에 매우 잘 작동했다.

❷

	The economy	will fail	during the next quarter.
원어민적 해석	경제가	반드시 망할 것은	바로 그다음 분기 동안 이다.

한국어식 해석 경제는 다음 분기 동안에 실패할 것이다.

❸

	Most couples	break up
원어민적 해석	대부분의 커플들이	헤어지는 건

within 6 months of relationship.
원어민적 해석 바로 6개월의 관계 내에 이다.

한국어식 해석 대부분의 커플은 연애 후 6개월 이내에 헤어진다.

❹

	The statistics	declined	almost	to the last year.
원어민적 해석	그 통계가	하락한 것은	거의	바로 그 작년 수준으로 였다.

한국어식 해석 그 통계는 거의 작년까지 감소했다.

❺

	At night in the street,	people	screamed	in agony.
원어민적 해석	바로 밤에 바로 길가에서,	사람들이	비명을 지른 것은	바로 혼돈스러운 상태로 였다.

한국어식 해석 밤에 거리에서 사람들은 혼돈으로 비명을 질렀다.

▶▶▶ Quick Check!

· **process** 과정, 절차 · **economy** 경제 · **quarter** 분기 · **relationship** 관계 · **statistics** 통계
· **decline** 감소하다, 하락하다 · **agony** 혼돈, 고통

Chapter 5

—

기본을 알면 이제 '어떻게 길어지는지'만 이해하면 된다

S가 V하는 것은 that 그것은 S가 V하는 것이다

KEY 문장   **We all know that English is a language.**

영상 보기

한국어식 해석

We all know that English is a language.

우리 모두는   영어가 언어라는 것을   안다.

원어민적 해석

We all
우리가 모두

know that
아는 것은 그것은

English is a language.
영어는 하나의 언어라는 것이다.

훈관쌤의 TIP

① 주어-서술어 : We all know는 '우리가 모두 아는 것은'으로 해석합니다.
② 접속사: 'that'은 말그대로 '그것은'으로 해석합니다. that과 같은 접속사는 전치사와 마찬가지로 앞에서 서술한 것을 '구체화'합니다.
③ 주어-서술어-보어 : English is a language는 '영어는 하나의 언어다'로 해석합니다.
④ 접속사 +[주어-동사-보어] : '그것은 영어는 하나의 언어라는 것이다'로 해석합니다.

▶▶▶ Quick Check!

· **language** 언어

예문으로 더 익혀볼까요? ▶▶▶

JOIN 문장

❶

Students	must	be aware
학생들이	반드시	인식해야 하는 것은

that	language competency	is important.
그것은	언어 능력은	중요하다는 것이다.

원어민적 해석

한국어식 해석 학생들은 언어 능력이 중요하다는 것을 알아야 한다.

❷

However,	people	don't realize	that
그러나,	사람들이	절대 알아차리지 못하는 것은	그것은

they	must	know	the right method.
그들이	반드시	알아야 하는 것은	올바른 방법이라는 것이다.

한국어식 해석 그러나 사람들은 그들이 올바른 방법을 알아야 한다는 것을 깨닫지 못한다.

❸

So far,	teachers	have been telling	students
여태껏	선생님들이	말해온 것은	학생들에게인데

that	English	is never conquerable.
그것은	영어는	절대 정복할 수 없다는 것이다.

한국어식 해석 지금까지 선생님들은 학생들에게 영어는 절대 정복될 수 없다고 말해왔다.

❹

Even	the books	were written
심지어	책들도	쓰였는데

that	language acquisition	is impossible.
그건(그 내용은)	언어 습득은	불가능하다는 것이다.

한국어식 해석 심지어 언어 습득이 불가능하다고 쓰인 책도 있다.

❺	**We**	**must**	**now**	**admit**
원어민적 해석	우리가	반드시	이제	인정해야 하는 것은
	that	**English**	**is adoptable skill.**	
원어민적 해석	그것은	영어는	채택 가능한 능력이라는 것이다.	
한국어식 해석	우리는 이제 영어가 채택할 수 있는 기술이라는 것을 인정해야 한다.			

▶▶▶ Quick Check!

· **be aware** 인식하다 · **competency** 능력 · **realize** 깨닫다, 알아차리다 · **method** 방법
· **conquerable** 정복 가능한 · **acquisition** 습득 · **admit** 인정하다 · **adoptable** 받아들일 수 있는, 채택할 수 있는

DAY 08

S가 V하는 것은 무엇이 S가 V하는 것인지이다

영상 보기

KEY 문장 **Linguists don't know what the students don't know.**

한국어식 해석

Linguists don't know what the students don't know.

언어학자들은   학생들이 모르는 것을   알지 못한다.

원어민적 해석

Linguists
언어학자이

don't know
절대 알지 못하는 것은

what
무엇이

the students
학생들이

don't know.
절대 알지 못하는 것인지 이다.

훈관쌤의 TIP

❶ 주어-서술어 : Linguists don't know는 '언어학자들이 절대로 알지 못하는 것은'으로 해석합니다.

❷ 접속사 what은 '간접의문문 명사절 접속사'라고 부르지만 이런 것을 알 필요는 없습니다. 어떻게 이해할지가 중요합니다. what은 '무엇'으로 해석하고 뒤에서 '~인지'로 회수합니다. 접속사는 앞서 언급한 것을 구체화하기에 '언어학자들이 모르는 것이 무엇인지'를 구체화한다고 볼 수 있습니다.

❸ 주어-서술어 : the students don't know는 '그 학생들이 절대 알지 못한다'로 해석하는데, what 뒤에 있기에 '무엇이 학생들이 절대 알지 못하는 것인지'로 해석합니다.

▶▶▶ Quick Check!

예문으로 더 익혀볼까요? ▶▶▶

· linguist 언어학자

JOIN 문장

❶	Men	don't easily	realize
원어민적 해석	남자들이	절대 쉽게	알아차리지 못하는 것은
	what	**women**	**want.**
원어민적 해석	무엇이	여성들이	원하는 것인지 이다.
한국어식 해석	남자들은 여자들이 무엇을 원하는지 쉽게 깨닫지 못한다.		

❷	Women	are neither	so knowledgeable	on
원어민적 해석	여성들도	마찬가지로	매우 잘 알지 못하는 것은	바로
	what	**men**	**want.**	
원어민적 해석	무엇이	남성들이	원하는 것인지에 대해 이다.	
한국어식 해석	여자들도 남자들이 원하는 것을 잘 알지 못한다.			

❸	Couples	must	figure out
원어민적 해석	커플들이	반드시	발견해내야 하는 것은
	what	**they**	**are missing.**
원어민적 해석	무엇이	그들이	놓치고 있는 것인지 이다.
한국어식 해석	커플들은 자신들이 무엇을 놓치고 있는지 알아야 한다.		

❹	Usually,	most couples	fail
원어민적 해석	주로,	대부분의 커플들이	실패하는 건
	to find out	**what**	**the problem is.**
원어민적 해석	그건 바로 발견하는 것이	무엇이	문제인지 이다.
한국어식 해석	보통, 대부분의 커플은 무엇이 문제인지 알아내지 못한다.		

❺	Passengers	wondered	what	the cause was.
원어민적 해석	승객들이	궁금해한 것은	무엇이	원인이었는지 였다.
한국어식 해석	승객들은 원인이 무엇인지 궁금해했다.			

· **realize** 깨닫다 · **neither** 마찬가지로 ~ 못 하다 · **knowledgeable** 잘 아는 · **figure out** 발견하다, 알아내다
· **passenger** 승객 · **wonder** 궁금해하다 · **cause** 원인

영상 보기

한국어식 해석

Professors wondered why such event occurred.

교수들은 왜 이런 일이 일어났는지 궁금해했다.

원어민적 해석

Professors
교수들이

wondered
궁금해한 것은

why
왜

such event
그런 사건이

occurred.
발생했는지 이다.

훈관쌤의 TIP

❶ 주어-서술어 : Professors wondered는 '교수들이 궁금해했던 것은'으로 해석합니다.

❷ 접속사 : why는 '왜 ~인지'로 해석합니다.

❸ 주어-서술어 : such event occurred는 '그와 같은 사건이 발생했다'로 해석합니다. 이에 따라 why+[주어-동사]는 '왜 주어-동사 하는지'로 해석하기에 '왜 그와 같은 사건이 발생했는지'로 해석합니다.

▶▶▶ Quick Check!

· **professor** 교수 · **wonder** 궁금해하다 · **occur** 발생하다

예문으로 더 익혀볼까요? ▶▶▶

JOIN 문장

❶

Students	asked	how
학생들이	물어본 것은	어떻게
professors	**figured out**	**the cause.**
교수들이	알아낸 것이	그 원인이었는지 였다.

원어민적 해석 (학생들이), (물어본 것은), (어떻게)
원어민적 해석 (교수들이), (알아낸 것이), (그 원인이었는지 였다.)

한국어식 해석 학생들은 교수들이 어떻게 그 원인을 알아냈는지 물었다.

❷

Researchers	must	have investigated
연구자들이	반드시	당시에 분석했어야 하는 것은
where	**the problem**	**started.**
어디에서	문제가	시작했는지 였다.

한국어식 해석 연구원들은 그 문제가 어디서 시작되었는지 조사했을 것이다.

❸

The book	could explain	when
책이	충분히 설명할 수 있었던 것은	언제
human beings	**evolved.**	
인간들이	진화했는지 였다.	

한국어식 해석 그 책은 인간이 언제 진화했는지를 설명할 수 있었다.

❹

Science	focuses	on
과학이	집중하는 것은	바로
how	**the world**	**started.**
어떻게	세상이	시작했는지이다.

한국어식 해석 과학은 세상이 어떻게 시작되었는지에 초점을 맞춘다.

❺	Religion	focuses	on
원어민적 해석 ●	종교가	집중하는 것은	바로
	why	**we**	**live.**
원어민적 해석	왜	우리가	살아가는지 이다.
한국어식 해석	종교는 우리가 사는 이유에 초점을 맞춘다.		

▶▶▶ Quick Check!

· **figure out** 알아내다, 발견하다 · **cause** 원인 · **investigate** 조사히디 · **evolve** 진화하나 · **focus** 집중하다
· **religion** 종교

KEY 문장 **The man wants to know if she could give her phone number.**

영상 보기

한국어식 해석

The man wants to know if she could give her phone number.

남자는   그녀가 그녀의 전화번호를 알려줄 수 있는지   알고 싶어 한다.

원어민적 해석

The man	wants to know	if	she
그 남성이	알고 싶은 것은	혹시	그녀가

could give	her phone number.
충분히 줄 수 있는 것이	그녀의 연락처인지 이다.

훈관쌤의 TIP

① 주어-서술어 : the man wants to know은 '그 남성이 알고 싶은 것은'으로 해석합니다.

② 조동사 : could는 '충분히'로 해석하고 서술어를 해석한 후 '-할 수 있는 것은'으로 해석한다.

③ 접속사 : if는 '혹시 ~인지'로 해석합니다.

④ 주어-서술어 : human beings evolved는 '인간들이 진화했다'로 해석하기 때문에 when human beings evolved는 '언제 인간이 진화했는지'로 해석합니다.

▶▶▶ Quick Check!

· **phone number** 연락처

예문으로 더 익혀볼까요? ▶▶▶

JOIN 문장

❶

The manager	of the store	wondered
원어민적 해석 매니저	바로 가게 매니저가	궁금했던 것은

if	they	were engaged.
원어민적 해석 혹시	그들이	결혼할 사이인지였다.

한국어식 해석 그 가게의 지배인은 그들이 약혼했는지 궁금해했다.

---

❷

The woman	wanted to know	if
원어민적 해석 여자가	알고 싶었던 것은	혹시

her looks	attracted	the man.
원어민적 해석 그녀의 외모가	끌어당기는 것이	그 남자였는지 였다.

한국어식 해석 여자는 자신의 외모가 남자를 끌어당겼는지 알고 싶었다.

---

❸

The leader	asked	whether
원어민적 해석 리더가	물어봤던 것은	혹시

the followers failed	or not	on the mission.
원어민적 해석 추종자들이 실패했는지	안 했는지 인데	그건 바로 그 미션에 대해서 이다.

한국어식 해석 리더는 팔로워들이 미션에 실패했는지 여부를 물었다.

---

❹

The wife	of the followers	wanted to know	
원어민적 해석 아내	바로 추종자의 아내가	알고 싶었던 것은	

whether	her husband	was alive	or not.
원어민적 해석 혹시	그녀의 남편이	살았는지	죽었는지 였다.

한국어식 해석 미행자의 아내는 남편의 생사를 알고 싶어 했다.

❺	The awakened man	was curious	whether	his wife
원어민적 해석	깨어난 남성이	궁금했던 것은	혹시	그의 아내가
	knew	**or not**	**about his state.**	
원어민적 해석	알거나	혹은 몰랐는지 였다	바로 그의 상태에 대해서.	
한국어식 해석	잠에서 깬 남자는 아내가 자신의 상태를 알고 있는지 궁금했다.			

(▶▶▶ Quick Check!)

· **be engaged** 약혼하다 · **attract** 끌어당기다 · **follower** 추종자 · **mission** 미션, 업무 · **awakened** 깨어난
· **be curious** 호기심을 갖다, 궁금해하다

영상 보기

KEY 문장 **The theory made a controversy that people anticipated.**

한국어식 해석

The theory made a controversy that people anticipated.

그 이론은   사람들이 예상했던   논란을 일으켰다.

원어민적 해석

The theory　　**made**　　**a controversy**
그 이론이　　만든 것은　　논란인데

that　　**people**　　**anticipated.**
그것은　　사람들이　　예측했던 논란이었다.

훈관쌤의 TIP

① 주어-서술어-목적어 : The theory made a controversy는 '그 이론이 만든 것은 논란인데'로 해석합니다.

② 접속사(관계대명사) : 앞서 언급한 명사에 대해서 구체화하는 접속사 that은 '그것은'으로 해석합니다. 이는 '형용사' 역할을 하며, '관계대명사'라고 부릅니다. that은 '그것은'으로, 앞에 있는 명사를 가리키면서 뒤 문장에서 그것을 '구체화'한다는 것을 기억하세요.

③ 주어-서술어 : people anticipated는 '사람들이 예측하다'로 해석합니다. 따라서 a controversy(논란)는 구체적으로 '사람들이 예측하는 논란'이라고 해석합니다.

▶▶▶ Quick Check!

· **theory** 이론 · **controversy** 논란 · **anticipate** 예측하다

예문으로 더 익혀볼까요? ▶▶▶

❶

	People	hate	phenomenon
원어민적 해석	사람들이	싫어하는 것은	현상인데
	that	**deviates**	**from expectations.**
원어민적 해석	그건	벗어나는 것이	예상들로부터인 현상이다.

한국어식 해석 사람들은 예상에서 벗어나는 현상을 싫어한다.

❷

	Laypoeple	must	be cautious	about
원어민적 해석	비전문가들이	반드시	경계해야 하는 것은	바로
	the conclusions	**that**	**seem difficult.**	
원어민적 해석	결론에 대해서인데	그건	겉으로 보기엔 어려워 보이는 결론이다.	

한국어식 해석 일반인들은 어려워 보이는 결론에 대해 신중해야 한다.

❸

	People	were surprised	at	the result
원어민적 해석	사람들이	놀랐던 것은	바로	결과에 인데
	that	**the economists**	**predicted.**	
원어민적 해석	그건	경제학자들이	예측했던 결과였다.	

한국어식 해석 사람들은 경제학자들이 예측한 결과에 놀랐다.

❹

	Efforts	determine	our future
원어민적 해석	노력이	결정하는 것은	우리의 미래인데,
	that	**we ourselves**	**make.**
원어민적 해석	그건	우리가 스스로	만들어내는 미래다.

한국어식 해석 노력은 우리 자신이 만드는 우리의 미래를 결정한다.

❺	The world	is full	of	people
원어민적 해석	세계가	가득 찬 것은	바로	사람들로 인데
	that	**have constructed**	**their own lives.**	
원어민적 해석	그것은	구성한 것이	그들 스스로의 삶인 사람들이다.	
한국어식 해석	세상은 자신의 삶을 건설한 사람들로 가득 차 있다.			

▶▶▶ Quick Check!

· **phenomenon** 현상 · **deviate** 벗어나다 · **expectation** 기대치 · **laypeople** 일반인 · **be cautious** 조심하다
· **conclusion** 결론 · **surprise** 놀래키다, 놀라움 · **economist** 경제학자 · **predict** 예측하다 · **effort** 노력
· **determine** 결정하다 · **construct** 구성하다

S가 V하는 것은 명사인데 which 그것은
S가 V하는 것이다

영상 보기

KEY 문장 **We are learning an English reading method
which anyone could approach.**

한국어식 해석

We are learing an English reading method
which anyone could approach.

우리는 누구나 접근할 수 있는 영어 읽기 방법을 배우고 있다.

원어민적 해석

| **We** | **are learning** | **an English method** |
| 우리가 | 배우고 있는 것은 | 영어 독해 방법인데 |

| **which** | **anyone** | **could approach.** |
| 그것은 | 누구나 | 충분히 접근할 수 있는 것이다. |

훈관쌤의 TIP

❶ 주어-서술어-목적어 : We are learning an English reading method는 '우리가 배우고 있
는 것은 영어 독해 방법인데'로 해석합니다.

❷ 접속사(관계대명사) : which는 w와 this가 합쳐진 말입니다. wthis에서 t가 탈락하여
whis가 되고, whis에서의 s가 ch로 바뀌어 which가 됩니다. 결국 which는 '연결'하면서
동시에 앞에 있는 것을 '가리키는 역할'을 합니다. 관계대명사 that과 같은 역할을 하는 것
입니다. 해석은 '그것은'으로 합니다.

❸ 주어 - 서술어 : anyone could approach는 '누구나 충분히 접근할 수 있다'로 해석합니다.

❹ which + [주어 - 서술어]는 따라서 앞서 언급한 'an English reading method'를 가리키며
구체적으로 서술하기에 '그것은 누구나 충분히 접근할 수 있는 것'으로 해석합니다.

▶▶▶ Quick Check!

예문으로 더 익혀볼까요? ▶▶▶

· **method** 방법 · **approach** 접근하다

JOIN 문장

❶

	We	were adapted	to
원어민적 해석	우리가	적용했던 것은	바로

	the language understanding	which	was very abnormal.
원어민적 해석	언어 이해 방식에 였는데	그건	매우 비정상적인 방식이다.

한국어식 해석 우리는 매우 비정상적인 언어 이해에 적응했다.

---

❷

	Sometimes	people	believe	in
원어민적 해석	때때로	사람들이	믿는 것은	바로

	perspectives	which	is not helpful.	
원어민적 해석	관점인데	그건	절대 도움이 되지 않는 관점이다.	

한국어식 해석 때때로 사람들은 도움이 되지 않는 관점을 믿는다.

---

❸

	Lovers	have	trust	on
원어민적 해석	사랑하는 사람들이	갖는 것은	신뢰	바로

	each other	which	constructs love.	
원어민적 해석	서로에 대한 신뢰인데	그것은	구성하는 것이 사랑인 신뢰이다.	

한국어식 해석 연인들은 사랑을 구성하는 서로에 대한 신뢰를 가지고 있다.

---

❹

	Love	can do things	which
원어민적 해석	사랑이	충분히 할 수 있는 것은 일들인데	그것은

	any other thing	can never do.	
원어민적 해석	어느 다른 것도	충분히 절대 할 수 없는 것들이다.	

한국어식 해석 사랑은 다른 어떤 것도 결코 할 수 없는 것들을 할 수 있다.

❺	We	must	have	hope
원어민적 해석	우리가	반드시	가져야 하는 것은	희망인데
	which	only the brave ones	can have.	
원어민적 해석	그건	오직 용기있는 자만이	충분히 가질 수 있는 희망이다.	
한국어식 해석	우리는 용감한 사람들만이 가질 수 있는 희망을 가져야 한다.			

▶▶▶ Quick Check!

· **adapt** 적응하다 · **abnormal** 비정상의 · **perspective** 관점 · **helpful** 도움이 되는 · **construct** 구성하다
· **hope** 희망 · **brave** 용감한

DAY 13

S가 V하는 것은 명사인데 who 그 사람은
S가 V하는 사람이다

영상 보기

KEY 문장 **The man passed the ball to the friend who
did not know soccer.**

**The man passed the ball to the friend who
did not know soccer.**

그 남자는   축구를 모르는 친구에게   공을 패스했다.

원어민적 해석

The man	**passed**	**the ball**	**to**
그 남자가	패스한 것은	공이었는데	그건 바로

the friend	**who did not know soccer.**
친구에게였는데	그는 절대 알지 못하는 것이 축구인 사람이었다.

훈관쌤의 TIP

① [주어-서술어-목적어] : The man passed the ball to the friend는 '그 남자가 패스한
것은 공이었는데'로 해석한다.

② 접속사(관계대명사) : who는 연결 역할을 하는 w와 지칭하는 he가 합쳐진 말로 whe
가 who로 변형된 것이다. 따라서 문장을 '연결'시키면서 동시에 앞서 언급된 사람인 명
사를 '대신'하는 역할을 한다. 따라서 앞서 언급된 명사를 '그는'으로 가리킨다.

③ [서술어 - 보어] : did not know soccer는 '절대 알지 못한 것은 축구이다'로 해석한다.

④ 접속사 + [서술어-보어] : who did not know soccer는 '그는 절대 알지 못하는 것이
축구인 사람이었다'로 해석한다.

▶▶▶ Quick Check!

· **pass** 패스하다, 건네주다

예문으로 더 익혀볼까요? ▶▶▶

JOIN 문장

❶

The whistle	was blown	by
원어민적 해석 그 호루라기가	불린 것은	바로
the referee	**who**	**got really angry.**
원어민적 해석 그 심판에 의해서였는데	그는	매우 화가 난 심판이었다.

한국어식 해석 정말 화가 난 심판이 호루라기를 불었다.

❷

The audience	were surprised	by
원어민적 해석 그 관중이	놀랐던 것은	바로
the goal keeper	**who**	**saved 5 goals.**
원어민적 해석 골키퍼로부터였는데	그는	막은 것이 5골인 골키퍼이다.

한국어식 해석 관중들은 5골을 막아낸 골키퍼에 놀랐다.

❸

The goal keeper	was taught	by
원어민적 해석 그 골키퍼가	가르쳐졌던 것은	바로
the master	**who**	**was legend.**
원어민적 해석 그 마스터에 의해서였는데	그는	하나의 전설이었던 마스터였다.

한국어식 해석 골키퍼는 전설적인 고수에게 가르침을 받았다.

❹

The legendary player	was shot	by	a man
원어민적 해석 그 전설적인 선수가	총에 맞은 것은	바로	하나의 남자에 의해서였는데
who	**did not like**	**the game.**	
원어민적 해석 그는	절대 좋아하지 않았던 것이	그 경기인 남자였다.	

한국어식 해석 그 전설적인 선수는 경기를 좋아하지 않는 사람이 쏜 총에 맞았다.

77

❺	The poor man	was grown	by	a father
원어민적 해석	그 가여운 남자가	길러진 것은	바로	하나에 아버지에 의해서였는데
	who	**hated**	**his fatherland.**	
원어민적 해석	그는	싫어했던 것이	그의 조국인 아버지였다.	
한국어식 해석	그 불쌍한 남자는 그의 조국을 싫어하는 아버지에 손에 자랐다.			

▶▶▶ Quick Check!

· **whistle** 호루라기 · **blow** 불디 · **referee** 심판 · **audience** 관중 · **astonish** 놀래키다 · **master** 고수, 마스터
· **legendary** 전설적인 · **be shot by** 총에 맞다. · **grow** 기르다 · **fatherland** 조국

DAY 14

S가 V하는 것은 명사인데 in 바로 which 그곳은
S가 V하는 곳이다

영상 보기

KEY 문장 **Language educators must prepare for the world in which children could all too well learn.**

Language educators must prepare for the world in which children could all too well learn.

언어 교육자들은   아이들이 충분히 잘 배울 수 있는 세상을   반드시 마련해놔야 한다.

원어민적 해석

Language educators	**must**	**prepare for**
언어 교육자들이	반드시	마련해놔야 하는 것은

the world	**in which**	children could all too well learn.
바로 세상인데	바로 그곳은	아이들이 충분히 잘 학습할 수 있는 세상이다.

훈관쌤의 TIP

❶ 주어-서술어-목적어 : Language educators must prepare for the world는 '언어 교육자들이 반드시 마련해놔야 하는 것은 바로 세상인데'로 해석합니다.

❷ 접속사(관계부사) : in which는 앞서 언급된 명사를 '그곳은'으로 해석합니다. in은 전치사이고, which 또한 접속사(관계사)이기에 앞에 있는 것을 구체화합니다. 바로 앞에 있는 것을 구체화한다고 생각하고 앞에 있는 것이 장소이면 '바로 그곳'으로, 사물이면 '바로 그것' 정도로 해석합니다. .

❸ 접속사(관계부사) + [주어-서술어-보어] : in which children could all too well learn은 따라서 '바로 그곳은 아이들이 충분히 잘 학습할 수 있는 세상이다' 로 해석합니다.

▶▶▶ Quick Check!

· educator 교육자 · prepare 마련하다, 대비하다

예문으로 더 익혀볼까요? ▶▶▶

79

JOIN 문장

❶	**Kids**	**must**	**know**	**the place**
원어민적 해석	아이들이	반드시	알아야 하는 것은	그 장소인데
	in which	**they**	**can hang out**	**safely.**
원어민적 해석	바로 그곳은	그들이	충분히 어울릴 수 있는 것이	안전하게 인 장소다.
한국어식 해석	아이들은 안전하게 놀 수 있는 장소를 알아야 한다.			

❷	**The most safe place**	**in which**	**a child**
원어민적 해석	그 가장 안전한 장소	그곳은	하나의 아이가
	can play	**is his own home.**	
원어민적 해석	충분히 놀 수 있는 장소인데	그것은 그의 스스로의 집이다.	
한국어식 해석	아이가 놀 수 있는 가장 안전한 장소는 자신의 집이다.		

❸	**Mothers**	**must**	**take**	**kids**	**to**
원어민적 해석	어머니들이	반드시	데려가야 하는 건	아이들인데	그건 바로
	the market	**from which**	**they**	**buy**	**groceries.**
원어민적 해석	시장으로인데	바로 그곳은	그들이	사는 것이	식료품인 시장이다.
한국어식 해석	엄마들은 아이들을 식료품을 사는 시장에 데리고 가야 한다.				

❹	**The owner**	**of the shop**	**liked**
원어민적 해석	그 주인	바로 그 가게 주인이	좋아했던 것은
	the manager	**from whom**	**he learned a lot.**
원어민적 해석	매니저였는데	바로 그는	그가 배운 것이 많은 매니저였다.
한국어식 해석	가게 주인은 그가 많이 배운 매니저를 좋아했다.		

❺	The manager	found	the book	from which
원어민적 해석	그 매니저가	발견했던 것은	그 책이었는데	바로 그것은
	he	took	many advices.	
원어민적 해석	그가	얻었던 것이	많은 조언이었던 책이다.	
한국어식 해석	매니저가 그가 많은 조언을 들은 책을 찾았다.			

· **hang out** 어울리다, 놀다 · **grocery** 식료품 · **manager** 매니저, 지배인 · **advice** 조언

81

KEY 문장 **The professor lived close by the college
where he taught.**

한국어식 해석

**The professor lived close by the college
where he taught.**

그 교수는   그가 가르치는 대학 근처에   살았다.

원어민적 해석

The professor	lived	close	by
그 교수가	살았던 것은	가까이	바로

the college	where he taught.
그 대학 가까이였는데	그곳은 그가 가르쳤던 대학이었다.

훈관쌤의 TIP

❶ [주어-서술어-목적어] : The professor lived close by the college는 '그 교수가 살았던 것은 가까이 바로 그 대학 가까이였는데'로 해석합니다.

❷ 접속사(관계부사) : 관계부사는 관계사이기 때문에 앞에 있는 명사에 대해 구체화합니다. where은 앞뒤를 연결하는 w와 앞에 있는 것을 가리키는 there이 합쳐서 만들어진 것이기에 '-인데 그곳은'으로 해석합니다.

❸ 주어-서술어 : he taught는 '그가 가르쳤다'로 해석합니다.

❹ 접속사 + [주어-서술어] : where he taught는 따라서 '그곳은 그가 가르쳤던 대학이다'로 해석합니다.

▶▶▶ Quick Check!

· college 대학 · taught 가르쳤다(teach의 과거형)   예문으로 더 익혀볼까요? ▶▶▶

JOIN 문장

❶	The architect	designed	the house
원어민적 해석	그 건축가가	디자인했던 것은	그 집이었는데
	where	**the professor**	**lived.**
원어민적 해석	그곳은	그 교수가	살았던 집이었다.
한국어식 해석	건축가는 교수가 사는 집을 디자인했다.		

❷	50 years ago,	the master	learned	architecture	at
원어민적 해석	50년 전,	그 마스터가	배웠던 것은	건축이었는데	그건 바로
	the college	**where**	**he**	**met**	**his wife.**
원어민적 해석	그 대학에서 였는데	그곳은	그가	만난 것이	그의 아내인 대학이었다.
한국어식 해석	50년 전에, 그 주인은 그의 아내를 만난 대학에서 건축을 배웠다.				

❸	The woman	sometimes	visits	the park
원어민적 해석	그 여성이	때때로	방문했던 것은	그 공원이었는데
	where	**she**	**used to date**	**her husband.**
원어민적 해석	그곳은	그녀가	종종 데이트하던 것이	그녀의 남편이었던 공원이다.
한국어식 해석	여자는 가끔 남편과 데이트하던 공원을 방문한다.			

❹	The restaurant	where	they	used to sing
원어민적 해석	그 레스토랑	그곳은	그들이	종종 노래하곤 했던 레스토랑이었는데
	was the place	**where**	**the propose**	**was held.**
원어민적 해석	그 장소였는데	그곳은	그 프러포즈가	이루어진 장소였다.
한국어식 해석	이들이 노래를 부르던 식당은 프러포즈가 진행되던 곳이었다.			

❺	Usually,	people	reserved	the room
원어민적 해석	주로,	사람들이	예약했던 것은	그 방이었는데
	where	the famous architect	had proposed.	
원어민적 해석	그곳은	그 유명한 건축가가	당시에 프러포즈 했던 곳이었다.	
한국어식 해석	보통 사람들은 유명한 건축가가 제안한 방을 예약했다.			

▶▶▶ Quick Check!

· architect 건축가 · architecture 건축 · college 대학 · propose 프러포즈 · reserve 예약하다

S가 V하는 것은 명사인데 when 그때는
S가 V하는 때이다

영상 보기

KEY 문장 **The famous sports legend retired in the summer when many people died.**

The famous sports legend retired in the summer when many people died.

그 유명한 스포츠 전설은   많은 사람이 죽은 여름에   은퇴했다.

The famous sports legend   **retired**   **in the summer**
그 유명한 스포츠 전설이   은퇴했던 것은   바로 그 여름에 였는데

when   **many people**   **died.**
그때는   많은 사람이   사망했던 여름이었다.

---

① 주어-서술어-목적어-구체화 : The famous sports legend retired in the summer은 '그 유명한 스포츠 전설이 은퇴했던 것은 바로 그 여름에 였는데'로 해석합니다.

② 접속사(관계부사) : 관계부사는 관계사이기 때문에 앞에 있는 명사에 대해 구체화한다. when은 앞뒤를 연결하는 w와 앞에 있는 것을 가리키는 then이 합쳐서 만들어진 것이기에 '~인데 그때는'으로 해석합니다. 이 경우 앞에 있는 summer(여름)을 가리킵니다.

③ [주어-서술어] : many people died는 '많은 사람들이 사망했다'로 해석합니다.

④ 접속사 + [주어-서술어] : 따라서 when many people died는 '그때는 많은 사람이 사망했던 여름이었다'로 해석합니다.

▶▶▶ Quick Check!

예문으로 더 익혀볼까요? ▶▶▶

· legend 전설

JOIN 문장

❶	People	marched on	to the city hall	at night
원어민적 해석	사람들이	나아갔던 것은	시청으로였는데	바로 밤에 였는데
	when	the mayor	showed up.	
원어민적 해석	그때는	그 시장이	모습을 드러냈던 밤이었다.	
한국어식 해석	시장이 나타났을 때 사람들은 밤에 시청으로 나아갔다.			

❷	A meeting	was held	in the morning	when
원어민적 해석	하나의 미팅이	이루어졌던 것은	바로 그 아침에 였는데	그때는
	the mayor	called	the police.	
원어민적 해석	그 시장이	불렀던 것이	경찰이었던 아침이었다.	
한국어식 해석	아침에 시장이 경찰을 불렀을 때 회의가 이루어졌다.			

❸	The chief officer	complained	about	the meeting
원어민적 해석	그 경찰서장이	불평했던 것은	바로	그 미팅에 대해서였는데
	when	the final strategy	was decided.	
원어민적 해석	그때는	그 마지막 전략이	결정됐던 미팅이었다.	
한국어식 해석	최종 전략이 결정되자 경찰서장은 회의에 대해 불평했다.			

❹	They all	imagined	the future
원어민적 해석	그들이 모두	상상했던 것은	그 미래였는데
	when	all things	will be settled.
원어민적 해석	그때는	모든 것이	안정화된 미래이다.
한국어식 해석	그들은 모두 모든 것이 해결될 미래를 상상했다.		

86

❺	The time	when	everyone
원어민적 해석	그 시간	그때는	모두가
	is happy	**will surely**	**come.**
원어민적 해석	행복한 시간인데	그것은 반드시 확실히	다가올 것이다.
한국어식 해석	모두가 행복할 때가 반드시 올 것이다.		

▶▶▶ Quick Check!

· **march on** 나아가다, 행진하다 · **be held** 이루어지다, 열리다 · **mayor** 시장
· **the chief officer** 최고 책임자, 경찰서장 · **complain** 불평하다 · **strategy** 전략 · **imagine** 상상하다
· **settle** 정착하다, 안정화하다 · **surely** 반드시

DAY 17

S가 V하는데 접속사 (그것과 관련한 논리)
S가 V하는 것이다

영상 보기

KEY 문장　**The TV program was such a success that everyone liked it.**

한국어식 해석

The TV program was such a success that everyone liked it.

그 TV 프로그램은　　매우 성공적이어서　　모두가 좋아했다.

원어민적 해석

The TV program　**was**　**such a success**
그 TV 프로그램은　　너무나도　　성공적이어서

that　**everyone**　**liked**　**it.**
그것으로 인해서　모두가　좋아했던 것은　이 프로그램이었다.

훈관쌤의 TIP

❶ 주어-서술어-보어 : the TV program was such a success는 '그 TV 프로그램은 너무 나도 성공적이었다'로 해석합니다.

❷ 접속사(부사절 접속사) : 부사절 접속사는 앞뒤 문장을 '논리적으로 연결'합니다. 부사 절 접속사 that은 기본적으로 '앞문장으로 인해 어떤 사건이 발생하게 됐는지'의 의미 를 갖게 되고 '그것으로 인해서'와 같이 해석합니다. 이 경우에는 앞 문장 자체를 '그것' 으로 가리키는 것입니다.

❸ 주어-서술어-목적어 : everyone liked it은 '모두가 좋아한 것은 이 프로그램이었다'로 해석합니다.

▶▶▶ Quick Check!

· success 성공

예문으로 더 익혀볼까요? ▶▶▶

❶	The host	of	the program	was not glad
원어민적 해석	그 진행자	바로	그 프로그램의 진행자는	절대 만족하지 않아서
	that	**the program**	**was cancelled.**	
원어민적 해석	그것으로 인해서	그 프로그램은	취소되었다.	

한국어식 해석 프로그램 진행자는 프로그램이 취소된 것을 달가워하지 않았다.

❷	They	did not know	the current situation
원어민적 해석	그들이	절대 알지 못했던 것은	그 현재 상황에 대해서였는데
	that	**they**	**were panicked.**
원어민적 해석	그것으로 인해서	그들은	패닉에 빠졌다.

한국어식 해석 그들은 패닉 상태에 빠진 현 상황을 알지 못했다.

❸	People	did not know	what	was going to happen
원어민적 해석	사람들이	절대 알지 못했던 것은	무엇이	곧 발생할지였는데
	that	**they**	**stopped**	**guessing.**
원어민적 해석	그것으로 인해서 (그래서)	그들이	멈췄던 것은	예측하는 것이었다.

한국어식 해석 사람들은 무슨 일이 일어날지 몰랐기 때문에 추측하는 것을 멈추었다.

❹	The prediction	is so hard	that
원어민적 해석	그 예측은	너무나도 어려워서	그것으로 인해서
	people	**gave up**	**their guessing.**
원어민적 해석	사람들이	포기한 것은	그들의 추측이었다.

한국어식 해석 예측이 너무 어려워서 사람들은 추측을 포기했다.

❺	.	Even so,	we	must always	be ready
원어민적 해석		심지어 그렇다고 하더라도,	우리는	반드시 항상	준비돼야 한다.
		that	we	can take	the chance.
원어민적 해석		그것으로 인해	우리가	충분히 취할 수 있는 것은	기회이다.
한국어식 해석		그렇더라도, 우리는 항상 기회를 잡을 준비가 되어 있어야 한다.			

▶▶▶ Quick Check!

· **host of the program** 프로그램 진행자 · **current** 현재 · **panicked** 패닉에 빠진 · **guess** 예측하다
· **prediction** 예측 · **give up** 포기하다 · **even so** 그렇다고 하더라도

Chapter 6

같은 메시지도 다른 방식으로 '변형'할 수 있다

KEY 문장　**It is very important for the students to understand the context.**

영상 보기

한국어식 해석

It is very important for the students
to understand the context.

학생들이　　문맥을 이해하는 것은　　매우 중요하다.

원어민적 해석

It is　　　　**very important**　　　　**for**
이것은　　　　매우 중요한데　　　　그건 바로

the students　to understand　the context.
그 학생들이　　　이해하는 것이　　　그 맥락인 것이다.

훈관쌤의 TIP

❶ 주어-서술어-보어 : It is very important는 '이것은 매우 중요하다'로 해석합니다.

❷ 전치사 for와 to : 접속사와 전치사는 구체화합니다. 접속사는 [접속사 + SV]의 형태를 취한다면 전치사는 [for S to V]의 형태를 취합니다. 형태만 다를 뿐, 앞에 나온 것을 구체화한다는 맥락은 같다고 할 수 있다. 해석은 '그건 바로'로 해석합니다.

❸ 주어-서술어 : the students understand the context는 '그 학생들이 이해하는 것은 그 맥락이다'로 해석합니다.

❹ for 주어- to 서술어 : 따라서 for the students to understand the context는 '그건 바로 그 학생들이 이해하는 것이 그 맥락인 것'으로 해석합니다.

▶▶▶ Quick Check!

• **context** 맥락

예문으로 더 익혀볼까요? ▶▶▶

92

JOIN 문장

❶

	Recent trends	ask	for the teachers
원어민적 해석	최근 트렌드가	요청하는 것은	바로 선생들이
	to teach	**the importance**	**of reading.**
원어민적 해석	가르치는 것이	그 중요성	바로 독해의 중요성인 것이다.

한국어식 해석   최근의 추세는 선생님들이 독서의 중요성을 가르치도록 요구한다.

---

❷

	They	waited	for the other students	to follow up.
원어민적 해석	그들이	기다렸던 것은	바로 그 다른 학생들이	따라잡는 것이었다.

한국어식 해석   그들은 다른 학생들이 따라오기를 기다렸다.

---

❸

	The male students	prepared	for the war	to come.
원어민적 해석	그 남성 학생들이	대비했던 것은	바로 전쟁이	다가올 것에 대해서였다.

한국어식 해석   남학생들은 다가올 전쟁을 준비했다.

---

❹

	The professor	was getting ready	for the college
원어민적 해석	그 교수가	준비하고 있었던 것은	바로 그 학교가
	to shut down.		
원어민적 해석	폐쇄할 것에 대해서였다.		

한국어식 해석   그 교수는 대학이 문을 닫을 준비를 하고 있었다.

---

❺

	It	is always hard	for us	to guess
원어민적 해석	이것은	항상 어려운데	그건 바로 우리가	예측하는 것이 어려운데
	what	**will happen**	**next.**	
원어민적 해석	무엇이	반드시 발생할지이다	다음에.	

한국어식 해석   우리는 항상 다음에 무슨 일이 일어날지 추측하기 어렵다.

▶▶▶ Quick Check!

- **be engaged** 약혼하다 · **attract** 끌어당기다 · **follower** 추종자 · **mission** 미션, 업무 · **awakened** 깨어난
- **be curious** 호기심을 갖다, 궁금해하다

S가 V하는 것은 O/C(명사)인데 for 그건 바로
S가 to 바로 V하기 위한 것이다

영상 보기

KEY 문장　**The parent bought a toy for their son to play with.**

한국어식 해석

The parent bought a toy for their son to play with.

부모님은　　그들의 아들이 가지고 놀　　장난감을 샀다.

원어민적 해석

The parent	bought	a toy
그 부모님이	구매한 것은	하나의 장난감이었는데

for	their son	to play with.
그건 바로	그들의 아들이	가지고 놀 장난감이었다.

훈관쌤의 TIP

❶ 주어-서술어-목적어 : The parent bought a toy는 '그 부모님이 구매한 것은 하나의 장난감이었는데'로 해석합니다.

❷ 전치사 for와 to : [for S to V]의 형태를 취해 앞에 있는 명사를 구체화합니다. '그건 바로'로 해석합니다.

❸ 주어-서술어 : 원래 문장 their son plays with는 '그의 아들이 갖고 논다'로 해석합니다.

❹ for 주어-to서술어 : 따라서 원래 문장에 for과 to를 붙여 for their son to play with는 '그건 바로 그들의 아들이 가지고 놀 장난감이었다'로 해석합니다.

▶▶▶ Quick Check!

· parent 부모　　　　　　　　　　　　　　　　　예문으로 더 익혀볼까요? ▶▶▶

JOIN 문장

❶

	The kid	wrote	a letter
원어민적 해석	그 아이가	적었던 것은	하나의 편지인데
	for	**his parent**	**to read.**
원어민적 해석	그건 바로	그의 부모님이	읽을 편지였다.

한국어식 해석 그 아이는 그의 부모님이 읽을 편지를 썼다.

❷

	The father	bought	a mansion
원어민적 해석	그 아버지가	구매한 건	하나의 저택이었는데
	for	**his family**	**to reside.**
원어민적 해석	그건 바로	그의 가족이	거주할 저택이었다.

한국어식 해석 아버지는 그의 가족이 살 저택을 샀다.

❸

	A neighborhood	brought	chicken
원어민적 해석	한 이웃이	가져온 건	바로 치킨이었는데
	with	**them**	**for everyone to enjoy.**
원어민적 해석	바로	그들과 함께였는데	그건 바로 모두가 즐길 수 있는 치킨이었다.

한국어식 해석 한 이웃이. 모든 사람들이 즐길 수 있도록 치킨을 가져왔다.

❹

	Grandmother	set up	the plates
원어민적 해석	할머니가	준비했던 것은	접시인데
	for the people to use.		
원어민적 해석	그건 바로 사람들이 사용할 접시였다.		

한국어식 해석 할머니는 사람들이 사용할 수 있도록 접시들을 준비했다.

95

❺	For christmas celebration,	they	shared
원어민적 해석	바로 크리스마스 축하를 위해,	그들이	공유했던 건
	letters	for each other to read.	
원어민적 해석	편지였는데	그건 바로 서로가 읽을 수 있는 편지였다.	
한국어식 해석	크리스마스 축하를 위해, 그들은 서로에게 읽을 편지를 공유했다.		

▶▶▶ Quick Check!

· **mansion** 저택 · **reside** 거주하다

DAY 20

S가 V하는 것은 O/C인데 for 그건 바로
S가 to V하기 위해서이다

영상 보기

KEY 문장 **Animals provide shelter
[for their offsprings to thrive].**

**Animals provide shelter
for their offsprings to thrive.**

동물들은   그들의 자손들이 번성할 수 있도록   안식처를 제공한다.

원어민적 해석

Animals	**provide**	**shelter**	**for**
동물들이	제공하는 건	안식처인데	그건 바로

their offsprings	**to thrive.**
그들의 자손들이	번식하게 하기 위해서이다.

훈관쌤의 TIP

❶ 주어-서술어-목적어 : animals provide shilter는 '동물들이 제공하는 건 안식처인데'로 해석합니다.

❷ 전치사 for과 to : 앞에 문장이 나오고 그 뒤에 for S to V의 형태가 나오면 그 해석은 '그 건 바로 S가 V하기 위해서'로 해석합니다. 이 경우에는 앞에 있는 문장을 구체화합니다.

❸ 주어-서술어 : their offsprings thrive는 '그들의 자손들이 번식한다'로 해석합니다.

❹ for 주어- to 서술어 : 따라서 앞에 for과 to가 붙은 for their offsprings to thrive는 '그 건 바로 그들의 자손들이 번식하기 위해서다'로 해석합니다. 하지만 만약 명사를 구체 화한다고 생각하여 '그건 바로 그들의 자손들이 번식하기 위한 안식처이다'로 해석해도 크게 문장 이해가 달라지지 않습니다.

▶▶▶ Quick Check!

예문으로 더 익혀볼까요? ▶▶▶

· **shelter** 은신처, 안식처 · **offspring** 자손

JOIN 문장

❶

Wildlife animals	must	never give up
원어민적 해석 · 야생 동물들이	반드시	절대로 포기하지 않아야 하는데

for	themselves	to survive.
원어민적 해석 · 그건 바로	그들 스스로가	생존하기 위해서이다.

한국어식 해석 · 야생 동물들은 살아남기 위해 절대로 스스로를 포기해서는 안 된다.

---

❷

The specialists	took care of	wounded animals
원어민적 해석 · 그 전문가들이	돌봐준 건	상처 입은 동물들이었는데

for them to carry on their lives.
원어민적 해석 · 그건 바로 그들이 지속하는 것이 그들의 삶이게 하기 위해서였다.

한국어식 해석 · 전문가들은 부상당한 동물들이 생명을 이어갈 수 있도록 돌보았다.

---

❸

A secure environment	must	be established
원어민적 해석 · 하나의 완전한 환경이	반드시	확립돼야 하는데

for surrounding species to flourish.
원어민적 해석 · 그건 바로 주변 종들이 번성하게 하기 위해서다.

한국어식 해석 · 주변 종들이 번성하기 위해서는 안전한 환경이 구축되어야 한다.

---

❹

Animals	fight	over preys
원어민적 해석 · 동물들이	싸우는 건	바로 먹잇감에 대해 인데

for their family to not starve.
원어민적 해석 · 그건 바로 그들의 가족이 절대 굶지 않게 하기 위해서이다.

한국어식 해석 · 동물들은 그들의 가족이 굶지 않기 위해 먹이를 두고 싸운다.

❺	Each species	employ	different strategy
원어민적 해석	각각의 종이	사용하는 건	다른 전략인데
	for their enemy to confuse.		
원어민적 해석	그건 바로 그들의 적군이 헷갈리게 하기 위해서이다.		
한국어식 해석	각각의 종은 그들의 적이 혼동하기 위해 다른 전략을 사용한다.		

▶▶▶ Quick Check!

· **wildlife** 야생의 · **specialist** 전문가 · **wounded** 상처 입은 · **carry on** 이어가다 · **secure** 안전한
· **establish** 확립하다 · **flourish** 번성하다 · **prey** 먹잇감 · **starve** 굶주리다

DAY 21

S가 V하는 것은 [S's가 Ving하는 것]이다

KEY 문장 **The shop owner was sure of
[the boy's stealing the gum].**

영상 보기

**The shop owner was sure of
the boy's stealing the gum.**

가게 주인은   그 소년이 껌을 훔치고 있다고   확신했다.

원어민적 해석

The shop owner	was sure	of
그 가게 주인이	확실했던	것은

the boy's	stealing	the gum.
바로 그 아이가	훔친 것이	껌인 것이었다.

훈관쌤의 TIP

❶ 주어-서술어 : the shop owner was sure of는 '그 가게 주인이 확실했던 것은 바로'라
고 해석합니다.

❷ S's Ving 형태로의 연결: 접속사와 전치사는 구체화합니다. 접속사는 [접속사 + SV]의
형태를 취한다면 전치사는 [for S to V]의 형태를 취합니다. 여기에서 한 번의 변형이
더 이루어지는 경우 [S's Ving]의 형태를 띄게 됩니다.

❸ 주어's-서술어ing : 주어와 동사에 각각 's와 ing를 붙이면 '그 아이가 훔친 것이 껌인 것'
이라고 해석할 수 있도록 앞뒤를 연결해줍니다.

▶▶▶ Quick Check!

· **owner** 주인 · **steal** 훔치다

예문으로 더 익혀볼까요? ▶▶▶

100

JOIN 문장

❶

She	said	that
원어민적 해석		
그녀가	말한 것은	그것은

the man	mentioned of	the child's hiding the object.
원어민적 해석		
그가	언급했던 것은 그건 바로	그 아이가 숨기는 것이 그 물체였다는 것이었다.

한국어식 해석 그녀는 아이가 물체를 숨기는 것을 봤다고 말했다.

---

❷

Their blaming the boy	was truly unfair	for him.
원어민적 해석		
그들이 비난하는 것이 그 아이인 것이	진정으로 불공평했던 것은	바로 그 아이에게 였다.

한국어식 해석 그들이 그 소년을 비난하는 것은 그에게 정말 불공평했다.

---

❸

The theory	suggested	wrong	of
원어민적 해석			
그 이론이	제기했던 것은	틀렸다는 것인데	그건 바로

his explaining the phenomenon.

원어민적 해석 그가 설명하는 것이 그 현상인 것이 틀렸다는 것이다.

한국어식 해석 그 이론은 그가 그 현상을 설명하는 것이 잘못되었음을 시사했다.

---

❹

At last	the audience	understood
원어민적 해석		
마침내,	그 관객이	이해했던 것은

the couple's breaking up.

원어민적 해석 그 커플이 헤어지는 것에 대해서였다.

한국어식 해석 마침내 관객들은 그 커플이 헤어지는 것을 이해했다.

❺	However,	the movie	forbidded
원어민적 해석	그러나,	그 영화가	금지했던 것은
	the audience's being sorrowful.		
원어민적 해석	관객들이 슬퍼하는 것이었다.		
한국어식 해석	하지만 영화는 관객들이 슬퍼하는 것을 금지했다.		

▶▶▶ Quick Check!

· hide 숨기다 · object 물건, 물체 · blame 비난하다 · unfair 불공평한 · theory 이론
· suggest 시사하다, 제기하다 · audience 관객 · forbid 금지하다 · sorrowful 슬퍼하는

PART 3

'생각하는 순간'
영어로
말하는 방법

· SPEAKING ·

Chapter 7

—

내가 하고자 하는 말을
가장 빠르게 던지는 법

DAY 22

나는 너를 사랑한다.

영상 보기

원어민적 표현

내가	사랑하는 것은	너이다.
I	love	you.

훈관쌤의 TIP

❶ 원어민의 사고가 탑재되어 있지 않으면 문장을 아무리 반복해서 외우고 연습하더라도 새로운 문장을 스스로 구사하는 데 한계가 있습니다.

❷ 원어민과 같은 사고로 문장을 구사하려면 'S가' 'V 하는 것은' 'O이다'와 같이 사고할 수 있어야 합니다.

▶▶▶ Quick Check!

· **love** 사랑하다 ·

예문으로 더 익혀볼까요? ▶▶▶

JOIN 문장

❶	내가	원하는 건	당신의	사랑이다.
원어민적 표현	I	want	your	love.

한국어식 사고 나는 너의 사랑을 원해.

❷	당신이	보고 있는 것은	바로
원어민적 표현	You	are looking	at
	당신의	미래 아내다.	
원어민적 표현	your	future wife.	

한국어식 사고 당신은 당신의 미래의 아내를 보고 있다.

❸	그 사람들이	반드시	당시에 완료했어야 하는 것은	그들의 임무다.
원어민적 표현	Those people	must	have completed	their mission.

한국어식 사고 저 사람들은 임무를 완수했을 것이다.

❹	지난해,	그 동물들이	다 함께
원어민적 표현	Last year,	the animals	altogether
	움직였던 것은	바로	그 비옥한 땅으로였다.
원어민적 표현	moved	to	the fertile land.

한국어식 사고 작년에, 그 동물들은 모두 비옥한 땅으로 이동했다.

❺	그 의원들이	동의했던 것은	바로
원어민적 표현	The congressman	agreed	to
	그 통과	그건 바로 법안 통과였다.	
원어민적 표현	the passage	of the law.	

한국어식 사고 국회의원은 그 법의 통과에 동의했다.

▶▶▶ Quick Check!

· congressman 국회의원, 의원 · fertile 비옥한 · passage 통과

DAY 23

내 사랑은 당신의 심장을 움직일 것이다.

영상 보기

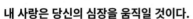

원어민적 표현

나의 사랑이	반드시 강제할 것은	당신의 마음이
My love	will force	your heart

움직이도록 하는 것이다.
to move.

훈관쌤의 TIP

① 주어 : 맨 처음 나오는 주어는 [나의 사랑이]라고 시작합니다. [나의 사랑은]이라고 말하면 문장이 벌써 닫혀버립니다. '은/는'이라고 생각하지 말고 '이/가'라고 생각해야 합니다. 그러고 나서 my love라는 말을 사용합니다.

② 서술어 : 문장을 뒤로 점점 연결해나갈 것이기 때문에 [반드시 강제한다]가 아닌 [반드시 강제할 것은]을 떠올립니다. 영어로 will force라고 표현합니다.

③ 또 다른 주어(목적어) : 나의 사랑이 강제하는 건 '어떤 무언가가 무언가를 하도록' 강제하는 것이기 때문에 [당신의 마음이]라는 말을 떠올린다. your heart라고 표현하면 됩니다.

④ 또 다른 동사(보어) : 당신의 마음이 어떻게 되는지를 설명할 것이기에 [움직이도록]이라는 말이 떠오르면 됩니다. move를 사용하면 되지만, 아직 움직이지 않은 상태이며, 앞으로 움직이게 만들 것이기 때문에 전치사 to를 빌려와서 to move라고 표현합니다.
   * to는 '방향'의 의미가 있기 때문에 '어떤 쪽으로'의 의미를 가지고, 이는 앞으로 어떤 행동으로 사건이 벌어질지를 서술합니다.

▶▶▶ Quick Check!

· force 강제하다

예문으로 더 익혀볼까요? ▶▶▶

JOIN 문장

❶	그 사람들이	당시에 도와줬던 것은	그 문제가	해결되도록 이다.
원어민적 표현	The people	have helped	the problem	to be solved.
한국어식 사고	사람들은 그 문제가 해결되도록 도왔다			

❷	바로 다른 사람에게는,	문제들	바로 이런 문제들이
원어민적 표현	For others,	problems	like this
	반드시 만들 것은	상황이	더 심각해지게이다.
원어민적 표현	will make	the situation	worse.
한국어식 사고	다른 사람들에게는, 이와 같은 문제들이 상황을 더 악화시킬 것이다.		

❸	선생님들이	격려한 것은	그 학생들이
원어민적 표현	Teachers	encouraged	the students
	결국 이해하게 하는 것이	그 중요한 문제이도록 이었다.	
원어민적 표현	to finally understand	the important problem.	
한국어식 사고	선생님들은 학생들이 마침내 중요한 문제를 이해하도록 격려했다.		

❹	우리가	기대하는 것은	그 군대가
원어민적 표현	We	expect	the troops
	떠나는 것이다	가능한 빨리.	
원어민적 표현	to leave	as soon as possible.	
한국어식 사고	우리는 군대가 가능한 한 빨리 떠나기를 기대한다.		

❺	사람들이	원하는 건	그들의 사랑하는 사람이	함께하는 것이다.
원어민적 표현	People	want	their beloved ones	to be together.
한국어식 사고	사람들은 사랑하는 사람들이 함께 있기를 원한다.			

▶▶▶ Quick Check!

· encourage 격려하다, 북돋다 · troop 군대 · beloved 사랑하는

영상 보기

원어민적 표현

내가	줬던 것은	내 친구의 부모님에게
I	gave	my friend's parents

그 선물이었다.
a present.

훈관쌤의 TIP

① 주는 사람(주어) : 주는 사람은 [내가]라고 생각하고 I라고 말합니다.

② 주는 행위(서술어) : 주는 행위는 [줬던 것은]이라고 생각하고 gave라고 말합니다.

③ 받는 사람(직접목적어) : 받는 사람 [내 친구의 부모님에게]라고 생각하고 my friend's parents라고 말합니다.

* 엄격히 말하면 목적어, 그중에서도 직접 목적어입니다. 그러나 '누가 줬고, 그래서 누가 뭘 받았는지'에 기반해서 '주는 사람'과 '받는 사람'이 문장에 들어 있다고 생각하며 말할 수 있어야 합니다.

④ 주는 물건(간접 목적어) : 주는 물건, 즉 [내 친구의 부모님]에게 주는 물건은 [선물이었다]라고 생각하고 영어로 a present라고 표현합니다.

▶▶▶ Quick Check!

· **present** 선물

예문으로 더 익혀볼까요? ▶▶▶

JOIN 문장

❶

	그 교장 선생님이	보냈던 것은	나의 담임 선생님에게	하나의 경고였다.
원어민적 표현	The principal	sent	my homeroom teacher	a warning.
한국어식 사고	교장 선생님이 우리 담임 선생님께 경고를 보냈다.			

❷

	내 누나	그건 바로 감옥에 있는 내 누나인데	그녀가 보낸 것은
원어민적 표현	My sister	in the prison	sent
	나에게	하나의 편지였다.	
원어민적 표현	me	a letter.	
한국어식 사고	감옥에 있는 내 누나가 나에게 편지를 보냈다.		

❸

	리의 친구들이	얻어준 것은	그에게	한 마리의 강아지였다.
원어민적 표현	Lee's friends	got	him	a puppy.
한국어식 사고	리의 친구들은 그에게 강아지를 사주었다.			

❹

	결국	그가	당시에 사준 것은
원어민적 표현	Finally	he	has bought
	그의 강아지에게	새 옷이었다.	
원어민적 표현	his puppy	a new cloth.	
한국어식 사고	마침내 그는 그의 강아지에게 새 옷을 사주었다.		

❺

	그 상황이	제공했던 것은	그들에게	하나의 새로운 기회였다.
원어민적 표현	The situation	offered	them	a new opportunity.
한국어식 사고	그 상황은 그들에게 새로운 기회를 제공했다.			

▶▶▶ Quick Check!

· **principal** 교장선생님 · **homeroom teacher** 담임 선생님 · **finally** 결국에 · **puppy** 강아지 · **offer** 제공하다

113

DAY 25

그 남자는 지나치게 예민해 보인다.

영상 보기

원어민적 표현

그 남자 모습이	지나치게	예민해 보인다.
The man appears	overly	sensitive.

훈관쌤의 TIP

❶ 주어 : 주어는 [그 남자]라고 생각하고 the man이라고 말합니다.

❷ 서술어 : 서술어는 [모습이] 라고 생각하고 'appears'라고 말합니다.

* 주어에 대한 상태를 나타내는 서술어이기 때문에 단순히 주어가 겉으로 보기에 어떤 상태인지를 나타내는 역할을 합니다.

* 따라서 [주어]의 상태를 나타내는 [서술어]인 경우 [주어-서술어]자체를 붙여서 이해하는 것이 좋습니다. 따라서 '주어가' '서술어 하는 것은'이 아닌 '주어 상태가'와 같이 이해합니다.

❸ 상태(보어) : 보어는 [지나치게 예민해 보인다]라고 생각하고 overly sensitive라고 말합니다.

* 핵심은 '보어'라는 것 자체가 '앞에 나온 명사'와 '같은 것' 내지는 '같은 상태'임을 기억하고 그 기능을 온전히 살려서 해석하는 것입니다.

▶▶▶ Quick Check!

· **appear** 겉모습이 ~로 보이다 · **overly** 지나치게 · **sensitive** 예민한

예문으로 더 익혀볼까요? ▶▶▶

JOIN 문장

❶	그 케이크가	바로 그 가게 주인의	케이크 맛이	놀라웠다.
원어민적 표현	The cake	of the shop owner	tasted	amazing.

한국어식 사고 가게 주인의 케이크는 맛이 놀라웠다.

❷	그 셔츠	냄새가	정말 안 좋다	바로 그 훈련 다음에.
원어민적 표현	The shirt	smells	really bad	after the training.

한국어식 사고 그 셔츠는 훈련 후에 냄새가 정말 심하다.

❸	그 커플	모습이	정말 행복해 보인다
원어민적 표현	The couple	looks	very happy
	적어도	겉으로는.	
원어민적 표현	at least	on the surface.	

한국어식 사고 그 커플은 적어도 겉으로는 매우 행복해 보인다.

❹	내가	생각하는 것은	그 남자가
원어민적 표현	I	think	the man
	점점 되어가는 건	자본주의가적인 괴물이라는 것이다.	
원어민적 표현	is becoming	a capitalist monster.	

한국어식 사고 나는 그 남자가 자본주의 괴물이 되고 있다고 생각한다.

❺	우리	상태가	항상 차분했다
원어민적 표현	We	remained	always calm
	심지어	바로 그와 같은	분위기에서도.
원어민적 표현	even	in such	atmosphere.

한국어식 사고 우리는 그런 분위기에서도 항상 침착했다.

▶▶▶ Quick Check!

· **on the surface** 겉으로 · **capitalist** 자본주의가적인 · **atmosphere** 분위기

영상 보기

원어민적 표현

우리가	사는 것은	바로
We	live	in

이 세상에서이다.
this world.

훈관쌤의 TIP

1. 주어 : 주어는 [우리가]라고 생각하고 we라고 말합니다

2. 서술어 : 서술하는 [사는 것은]이라고 생각하고 live라고 말합니다.

3. 구체화(부사) : 구체적으로 우리가 사는 것이 어디인지를 제시하기 위해 [그건 바로 이 세상에서 이다]라고 생각하고 in this world라고 말합니다.

   * 서술어의 특징은 [~하는 것은]이라고 생각하는 것이고 구체화하는 전치사의 특징은 [그건 바로]라고 생각하는 것입니다.

4. 영어의 특징은 '왼쪽에서 오른쪽으로' 구체화한다는 것인데, 이러한 구체화의 맥락을 100% 살려서 영어를 읽고 말하기 위해 구체화하는 방식을 택하여 영어를 이해해야 합니다. 이에 따라 we live in this world에서의 live와 in이 붙어 있기 때문에 [사는 것은 그것은 바로]라고 하는 과정에서 '것은'과 '그것은'이 겹쳐 [사는 것은 바로]라고만 이해하면 됩니다.

▶▶▶ Quick Check!

· live 살다 · world 세상

예문으로 더 익혀볼까요? ▶▶▶

JOIN 문장

❶	그들이	뛰고 있는 것은	바로 그 경기장에서 이다.
원어민적 표현	They	are running	in the stadium.

한국어식 사고 그들은 경기장에서 달리고 있다.

❷	사람들이	겪고 있는 것은	힘든 시간인데	그건 바로 이 경기 침체에서 이다.
원어민적 표현	People	are having	a hard time	in this economic recession.

한국어식 사고 사람들은 이 경기 침체 속에서 힘든 시간을 보내고 있다.

❸	학생들이	반드시	배워야 하는 것은
원어민적 표현	Students	must	learn
	제대로인데	그건 바로 이 책을 통해서 이다.	
원어민적 표현	properly	through this book.	

한국어식 사고 학생들은 이 책을 통해 제대로 배워야 한다.

❹	그 선생이	충분히 가르칠 수 있는 것은	바로 이 추상적인 공간에서이다.
원어민적 표현	The teacher	could teach	in this abstract space.

한국어식 사고 선생님은 이 추상적인 공간에서 가르칠 수 있었다.

❺	그 여성들이	쇼핑했던 것은	바로 그 백화점에서 이다.
원어민적 표현	The women	shopped	at the department store.

한국어식 사고 여자들은 백화점에서 쇼핑을 했다.

▶▶▶ Quick Check!

· stadium 경기장 · economic recession 경기침체 · abstract 추상적인 · department store 백화점

Chapter 8

—

조금 더 풍성한 문장으로
말해보기

DAY 27

도망가라고 했잖아.

영상 보기

원어민적 표현

내가	말했던 것은	그것은
I	said	that

당신이	반드시	뛰어야 한다는 것이다.
you	must	run.

훈관쌤의 TIP

① 주어 : 맨 처음 나오는 주어는 [내가]라고 생각하고 I라고 말합니다.

② 서술어 : 서술어는 [말했던 것은]이라고 생각하고 said라고 말합니다.

③ 구체화(접속사) : 말한 것이 무엇인지를 말하기 위해 [그것은]이라고 생각하고 that이
라고 말합니다.

④ 또 다른 주어 : that 뒤에서 다시 주어-동사가 반복돼야 하기 때문에 주어는 [당신이]라
고 생각하고 you라고 말합니다.

⑤ 또 다른 서술어 : 당신이 무엇을 했는지 서술하기 위해 [반드시 뛰어야 한다]라고 생각
하고 must run이라고 말합니다.

▶▶▶ Quick Check!

· must 반드시 · run 뛰다

예문으로 더 익혀볼까요? ▶▶▶

120

JOIN 문장

❶

그녀가	말했던 것은	그에게이다
원어민적 표현 She	told	him
그것은	그가	충분히 성공할 수 있다는 것이다.
원어민적 표현 that	he	could succeed.

한국어식 사고 그녀는 그에게 그가 성공할 수 있다고 말했다.

---

❷

그가	답장했던 것은	그것은
원어민적 표현 He	replied	that
그가	항상 감사한 것은	바로 그녀에게 라는 것이다.
원어민적 표현 he	is always grateful	for her.

한국어식 사고 그는 그녀에게 항상 감사하다고 대답했다.

---

❸

모두가	알고 있는 것은	그것은
원어민적 표현 Everybody	knows	that
그 환경적 해결책이	필요하다는 것이다.	
원어민적 표현 the environmental solutions	are needed.	

한국어식 사고 모든 사람은 환경적 해결책이 필요하다는 것을 알고 있다.

---

❹

사람들이	반드시	인정해야 하는 것은
원어민적 표현 People	must	admit
그것은	그 구식 방법이	틀렸다는 것이다.
원어민적 표현 that	the old-school method	is wrong.

한국어식 사고 사람들은 옛날 방식이 잘못되었다는 것을 인정해야 한다.

❺	몇몇 사람들이	부정하는 것은	그것은
원어민적 표현	Some people	deny	that
	그들의 언어 능력이	좋지 않다는 것이다.	
원어민적 표현	their language competency	is not so good.	
한국어식 사고	일부 사람들은 그들의 언어 능력이 그렇게 좋지 않다는 걸 부정한다.		

▶▶▶ Quick Check!

· reply 답장하다 · grateful 감사하는 · environmental 환경적인 · admit 인정하다 · old-school 옛날, 구식
· method 방법 · deny 부정하다, 부인하다

DAY 28

나는 사람들이 그들의 삶에서 무엇을 원하는지 궁금하다.

영상 보기

내가	궁금한 것은	무엇이	사람들이
I	wonder	what	people

원하는 것인지 이다	바로	그들의 삶에서.
want	in	their lives.

훈관쌤의 TIP

① 주어 : 주어는 [내가]라고 생각하고 I라고 말합니다.

② 서술어 : 서술어는 [궁금한 것은]이라고 생각하고 wonder이라고 말합니다.

③ 구체화(접속사) : 구체적으로 무엇이 궁금한 것인지를 말하기 위해 [무엇이]라고 생각하고 what이라고 말합니다.

④ 또 다른 주어 : [사람들이]라고 생각하고 people이라고 말합니다.

⑤ 또 다른 서술어 : [원하는 것인지]라고 생각하고 want라고 말합니다.

⑥ 구체화 : 무엇을 사람들이 원하는 것인지를 구체적으로 서술하기 위해 [바로 그들의 삶에서]라고 생각하고 in their lives라고 말합니다.

▶▶▶ Quick Check!

· wonder 궁금해하다

예문으로 더 익혀볼까요? ▶▶▶

123

JOIN 문장

❶

	우리가	분명히 알 수 있는 것은	무엇이
원어민적 표현	We	can surely know	what
	정의하는 것이	삶인지 이다.	
원어민적 표현	defines	life.	
한국어식 사고	우리는 무엇이 삶을 정의하는지 확실히 알 수 있다.		

❷

	남편들이	충분히 절대 알 수 없는 것은	무엇이
원어민적 표현	Husbands	can never know	what
	아내들이	좋아하는 것인지 이다.	
원어민적 표현	the wives	like.	
한국어식 사고	남편들은 아내들이 무엇을 좋아하는지 절대 알 수 없다.		

❸

	여자들이	반드시	말해줘야 하는 것은	남자들에게
원어민적 표현	Women	must	tell	men
	정확히	무엇이	만드는 것이	그들을 행복하게 인지 이다.
원어민적 표현	exactly	what	makes	them happy.
한국어식 사고	여자들은 남자들에게 무엇이 그들을 행복하게 하는지 정확히 말해야 한다.			

❹

	그럼에도 불구하고,	사람들이	종종 잊어버리는 것은
원어민적 표현	Nevertheless,	people	often forget
	무엇이	의사소통이	결국에 생성하는 것인지 이다.
원어민적 표현	what	communication	finally generates.
한국어식 사고	그럼에도 불구하고, 사람들은 종종 의사소통이 결국 무엇을 생성하는지를 잊어버린다.		

❺	내가	아는 것은	무엇이
원어민적 표현	I	know	what
	당신이	싫어하는 것인지 이다.	
원어민적 표현	you	hate.	
한국어식 사고	네가 싫어하는 게 뭔지 안다.		

▶▶▶ Quick Check!

· **generate** 생성하다, 만들어내다 · **define** 정의하다 · **exactly** 정확히 · **nevertheless** 그럼에도 불구하고
· **communication** 의사소통

DAY 29

어젯밤에, 그 사람은 당신이 언제 집으로 떠났는지 물었다.

영상 보기

원어민적 표현

지난밤에,	그 사람이	질문한 것은	언제
Last night,	the person	asked	when

네가	떠난 것이	바로	집으로였는지였다.
you	left	for	home.

훈관쌤의 TIP

❶ 부사 : 언제 발생한 상황인지 설명하기 위해 [지난밤에]라고 생각하고 last night라고 말하면서 부사를 먼저 사용합니다.

❷ 주어 : [그 사람이]라고 생각하고 the person이라고 말합니다.

❸ 서술어 : [질문한 것은]이라고 생각하고 asked라고 말합니다.

❹ 구체화(접속사) : 구체적으로 무엇을 질문했는지를 물어보는 과정에서 [언제]라고 생각하고 when이라고 말합니다.

❺ 주어 : [당신이]라고 생각하고 you라고 말합니다.

❻ [떠난 것이]라고 생각하고 left라고 말합니다.

❼ 떠난 것이 구체적으로 어디로 인지를 설명하기 위해 [그건 바로]라고 생각하고 전치사 for를 사용합니다.

❽ [집으로였는지]라고 생각하고 home이라고 말합니다.

▶▶▶ Quick Check!

· last night 지난밤 · left 떠났다 (leave의 과거형)

예문으로 더 익혀볼까요? ▶▶▶

126

JOIN 문장

❶	내가	절대 알지 못했던 것은	어떻게
원어민적 표현	I	never knew	how
	네가	간 것이	집으로였는지 였다.
원어민적 표현	you	went	home.
한국어식 사고	당신이 어떻게 집에 갔는지 몰랐다.		

❷	그것이	왜	내가
원어민적 표현	That is	why	I
	전화한 것이	당신에게 인지 이다	지난밤에.
원어민적 표현	called	you	last night.
한국어식 사고	그래서 내가 어젯밤에 전화한 것이다.		

❸	말해줘라	나에게	왜	그가
원어민적 표현	Tell	me	why	he
	절대 받지 않은 것이	전화였는지	지난밤에.	
원어민적 표현	didn't pick up	the phone	last night.	
한국어식 사고	어젯밤에 왜 전화를 안 받았는지 말해줘.			

❹	내가	충분히 절대 이해하지 못하겠는 것은	어떻게	당신이
원어민적 표현	I	cannot understand	how	you
	충분히 대우하는 것이	나를	바로 이렇게일 수 있는지이다.	
원어민적 표현	could treat	me	like this.	
한국어식 사고	나는 네가 어떻게 나를 이렇게 대하는지 이해할 수 없다.			

127

❺	다음번에는	당신이	반드시	알려줘야 하는 것은
원어민적 표현	Next time	you	must	inform
	나에게	어디로	당신이	가고 있는지 이다.
원어민적 표현	me	where	you	are going.
한국어식 사고	다음번에는 당신이 어디로 가는지 나에게 알려줘야 한다.			

(▶▶▶ Quick Check!)

· **inform** 알려주다 · **pick up** 들다, 받다 · **treat** 대우하다

DAY 30

나는 부모님이 사주신 아이폰을 잃어버렸다.

영상 보기

내가	잃어버린 것은	아이폰인데	그것은
I	lost	an iphone	that

나의 부모님이	사준 것이 나에게인 아이폰이다.
my parents	bought me.

훈관쌤의 TIP

① 주어 : [내가]라고 생각하고 I 라고 말합니다.

② 서술어 : [잃어버린 것은]이라고 생각하고 lost라고 말합니다.

③ 목적어 : [아이폰인데]라고 생각하고 iphone이라고 말합니다.

④ 구체화(관계사) : 구체적으로 어떤 아이폰인지를 말하기 위해 [그것은]이라고 아이폰을 가리키고, 관계사 that이라고 말합니다.

⑤ 주어 : 아이폰이 어떤 아이폰인지를 서술하는 과정에서의 주어는 [내 부모님이]라고 생각하고 my parents라고 말합니다.

⑥ 서술어 : [사준 것이]라고 생각하고 bought라고 말합니다.

⑦ 목적어 : [나에게인]이라고 생각하고 me라고 말한다. 무엇에 대한 서술이었는지를 상기시켜주기 위해 마지막에 '아이폰이다'라고 중얼거리면서 문장을 마무리합니다.

▶▶▶ Quick Check!

· **bought** 구매했다, 사줬다

예문으로 더 익혀볼까요? ▶▶▶

JOIN 문장

❶	그 선생님이	만든 것은	하나의 해결책인데	그것은
원어민적 표현	The teacher	made	a solution	that
	내가	좋아하는 해결책이다	가장.	
원어민적 표현	I	like	the most.	
한국어식 사고	선생님은 내가 가장 좋아하는 해결책을 만드셨다.			

❷	그 남자	그 남자는	내가 싫어하는 남자인데
원어민적 표현	The man	that	I don't like
	그가 물어봤던 것은	바로 나의 전화번호였다	어제.
원어민적 표현	asked for	my phone number	yesterday.
한국어식 사고	내가 좋아하지 않는 남자가 어제 내 전화번호를 물었다.		

❸	그가	절대로 동의하지 않은 것은 바로	그 전략에였는데
원어민적 표현	He	didn't agree to	the strategy
	그건	모두가	당시에 기대해온 전략이었다.
원어민적 표현	that	everyone	had expected.
한국어식 사고	그는 모두가 예상했던 전략에 동의하지 않았다.		

❹	그 자동차	그건	내 친구 아버지가 구매한 자동차인데	그건 지나치게 비쌌다.
원어민적 표현	The car	that	my friend's father bought	was too expensive.
한국어식 사고	내 친구의 아버지가 산 차는 너무 비쌌다.			

❺	그 이웃들이	원했던 것은	하나의 멀티플렉스였는데
원어민적 표현	The neighbors	wanted	a multiplex
	그것은	사람들이	충분히 즐길 수 있는 멀티플렉스다.
원어민적 표현	that	people	could enjoy.
한국어식 사고	이웃들은 사람들이 즐길 수 있는 멀티플렉스를 원했다.		

▶▶▶ Quick Check!

· **agree** 동의하다 · **strategy** 전략 · **neighbor** 이웃 · **multiplex** 멀티플렉스(복합상권)

DAY 31

나는 너무 많은 사람들이 방문하는 식당에 가고 싶지 않다.

영상 보기

나는	절대 가고 싶지 않은 곳은	식당인데
I	don't want to go	to the restaurant

그곳은	지나치게 많은 사람이	방문하는 식당이다.
which	too many people	visit.

훈관쌤의 TIP

① 주어 : 문장을 시작하며 주어는 [내가]라고 생각하고 I라고 말합니다.

② 서술어 : 서술어는 [절대 가고 싶지 않은 곳은]이라고 생각하고 don't want to go라고 차례대로 말합니다.

③ 구체화 : 구체적으로 어딜 가고 싶지 않은 것인지를 서술하기 위해 [그건 바로]라고 생각하고 to라고 말합니다.

④ 목적어 : 가고 싶지 않은 곳을 [그 식당인데]와 같이 생각하고 the restaurant라고 말합니다.

⑤ 구체화(관계사) : 구체적으로 어떤 레스토랑인지를 서술하기 위해 [그곳은]이라고 생각하고 which라고 말합니다.

　* 관계사 which는 w + hich로 구성된 말이다. w는 앞에 있는 명사와의 연결역할을 합니다. hich는 this에서 변형된 것입니다(t가 탈락하고 his가 남아 있을 때 s가 ch로 변형됩니다). 따라서 which도 [-인데 그것은]과 같이 이해하는 것이고, 앞에 있는 명사를 구체화하는 역할을 한다고 생각하는 것이 좋습니다.

⑥ 서술어 : 어떤 식당인지 서술을 시작하며 [지나치게 많은 사람이]라고 생각하고 too many people 이라고 말합니다.

⑦ 목적어 : [방문하다]라고 생각하고 visit이라고 말한다. 다만 어떤 레스토랑인지 서술을 마치는 부분이기에 [방문하는 식당이다]라고 생각하는게 좋습니다.

▶▶▶ Quick Check!

· restaurant 식당　· visit 방문하다

예문으로 더 익혀볼까요? ▶▶▶

132

JOIN 문장

❶

그 음식	그것은	내가 좋아하는 음식인데
원어민적 표현		
The food	which	I like

그것이 판매되는 것은	그것은 바로 식당에서이다.
원어민적 표현	
is being sold	at the restaurant.

한국어식 사고 내가 좋아하는 음식이 식당에서 판매되고 있다.

❷

우리가	반드시	가야 하는 것은	바로 그 창가 쪽 자리인데
원어민적 표현			
We	must	go	to the window seat

그것은	내 삼촌이	디자인한 자리이다.
원어민적 표현		
which	my uncle	designed.

한국어식 사고 우리는 삼촌이 디자인한 창가 자리로 가야 한다.

❸

내가	너무 흥분되는 것은	그건 바로 먹는 것이다	그건 바로 그 자리에서인데
원어민적 표현			
I	am so much excited	about eating	at the seat

그것은	모두가	반드시 부러워할 것이다.
원어민적 표현		
which	everyone	will envy.

한국어식 사고 나는 모두가 부러워할 자리에서 먹는 것이 너무 기대된다.

❹

우리가	반드시	주문해야 하는 것은	그 메뉴인데
원어민적 표현			
We	must	order	the menu

그건	내 친구가	정말 좋아하는 메뉴이다.
원어민적 표현		
which	my friend	really likes.

한국어식 사고 우리는 내 친구가 정말 좋아하는 메뉴를 주문해야 한다.

❺	사람들	바로 그 테이블 사람들이	주문한 것은
원어민적 표현	People	at the table	ordered
	하나의 메뉴인데	그건	내가 좋아하는 메뉴야.
원어민적 표현	a menu	which	I like.
한국어식 사고	테이블에 있던 사람들은 내가 좋아하는 메뉴를 주문했다.		

▶▶▶ Quick Check!

· **be excited** 흥분된다, 기대되다 · **envy** 부러워하다 · **order** 주문하다

DAY 32

사람들은 책임감을 키우는 의무감을 가져야 한다.

영상 보기

사람들이	반드시 가져야 하는 것은	의무감인데
People	must have	a sense of duty

바로 그것은	그들이	발전시키는 것이	책임감인 의무감이다.
from which	they	develop	responsibility.

훈관쌤의 TIP

❶ 주어 : 주어는 [사람들이]라고 생각하고 people이라고 말합니다.

❷ 서술어 : 서술어는 [반드시 가져야 하는 것은]이라고 생각하고 must have라고 말합니다.

❸ 목적어 : 목적어는 [의무감인데]라고 생각하고, a sense of duty라고 말합니다.

❹ 구체화(관계사) : 구체적으로 어떤 의무감인지를 서술하기 위해 [바로 그것은]이라고
생각하고 [전치사+관계대명사]를 사용합니다. 이 경우 [from which]를 사용합니다.

* 이 부분이 이해하기 좀 어려울 수 있습니다. which만 써도 앞에 있는 의무감을 가리
키는 역할을 하면서 구체화하는 것인데, from which를 써야 하는 이유가 무엇일까요?
원래 which가 가리키는 것은 a sense of duty라는 명사입니다. 그런데 '그 의무감으로
부터 그들이 책임감을 발전시킨다'라는 의미를 갖기 때문에, 이때 생기는 '~로부터'라는
의미가 which 앞에 붙어 from which라고 씁니다.

▶▶▶ Quick Check!

· **a sense of duty** 의무감 · **responsibility** 책임감

예문으로 더 익혀볼까요? ▶▶▶

JOIN 문장

❶	시민성이	교육되는 것은	그건 바로 학교에서인데	바로 그곳은
원어민적 표현	Citizenship	is educated	in school	in which
	학생들이	학습하는 것이	의견	바로 타인의 의견인 학교이다.
원어민적 표현	students	learn	opinions	of others.
한국어식 사고	시민권은 학생들이 다른 사람들의 의견을 배우는 학교에서 교육된다.			

❷	사람들이	원하는 건	좋은 친구들인데	바로 그들은
원어민적 표현	People	want	good friends	with whom
	그들이	충분히 보낼 수 있는 것이	행복한 시간인 친구들이다.	
원어민적 표현	they	can spend	happy time.	
한국어식 사고	사람들은 행복한 시간을 보낼 수 있는 좋은 친구를 원한다.			

❸	엄마가	충분히 될 수 있는데	아이의 가장 친한 친구가	바로 그는
원어민적 표현	Mother	could be	a child's best friend	with whom
	하나의 아이가	보내는 것이	대부분의 시간을 함께인 친구이다.	
원어민적 표현	a child	spend	most of the time together.	
한국어식 사고	엄마는 아이가 대부분의 시간을 함께 보내는 아이의 가장 좋은 친구가 될 수 있다.			

❹	아이들이	갔던 것은	바로 그 강가로 였는데	바로 그곳은
원어민적 표현	Children	went	to the riverside	at which
	그들이	수영한 것이	바로 한 시간 동안이었던 강가이다.	
원어민적 표현	they	swam	for about an hour.	
한국어식 사고	아이들은 약 한 시간 동안 그들이 수영했던 강가로 갔다.			

136

❺	사람들이	놀랐던 것은	바로 아름다운 숲에 대해서 였는데
원어민적 표현	People	were surprised at	the beautiful forest
	바로 그곳으로부터	나타난 것은	한 강아지였다.
원어민적 표현	from which	appeared	a dog.
한국어식 사고	사람들은 개 한 마리가 나타난 아름다운 숲에 놀랐다.		

▶▶▶ Quick Check!

· citizenship 시민권 · riverside 강가 · swam 수영했다(swim의 과거형) · appear 나타나다

DAY 33

그 학생은 서울대에 입학하기 위해 열심히 공부했다.

영상 보기

원어민적 표현

그 학생이	열심히 한 것은	공부였는데	그것으로 인해
The student	tried hard	studying	that

그가	충분히 들어갈 수 있었던 것은	서울대였다.
he	could enter	SNU.

훈관쌤의 TIP

① 앞 문장 : 앞 문장은 [그 학생이 열심히 한건 공부였는데]라고 생각하고 the student tried hard studying이라고 말합니다.

② 구체화(접속부사) : 앞뒤 문장 간의 관계를 설명하기 위해 앞 문장을 가리킵니다. 앞 문장 상황 자체를 [그것]이라고 가리킨 후, 앞 문장의 논리에 따라서 어떤 일이 벌어졌는지를 뒤 문장에서 확인합니다. 이 경우 '[그것]으로 인해서'라고 생각합니다. 영어로는 이를 한 마디로 that으로 퉁칩니다.

③ 뒤 문장 : [그가 충분히 들어갈 수 있었던 것은 서울대였다]라고 말합니다. [앞 문장]과 [뒤 문장]의 논리적 연결은 기본적으로는 앞 문장의 사건이 발생해서 뒤 문장의 사건이 발생하게 되었다는 논리를 갖게 됩니다. 말 그대로 [앞 문장]이 먼저 발생했으니 먼저 언급하고 [뒤 문장]이 다음에 발생한 것이기에 뒤에 언급하는 것이죠.

▶▶▶ Quick Check!

· SNU(Seoul National University의 약자) 서울 국립 대학교

예문으로 더 익혀볼까요? ▶▶▶

JOIN 문장

❶	바로 대학에서,	그가	집중했던 것은 바로	관계	바로 친구들과의 관계였는데
원어민적 표현	At the university,	he	focused on	the relationship	with friends
	그것으로 인해	그가	충분히 얻을 수 있었던 것은	많은 명성이었다.	
원어민적 표현	that	he	could get	a lot of fame.	
한국어식 사고	대학에서, 그는 많은 명성을 얻기 위해 친구들과의 관계에 초점을 맞췄다.				

❷	몇몇 친구들이	시샘했던 것은 바로	그 학생에게 였고	그것으로 인해
원어민적 표현	Some friends	got jealous of	the student	that
	그가	가졌던 것은	힘든 시간이었다.	
원어민적 표현	he	had	a hard time.	
한국어식 사고	몇몇 친구들은 그 학생이 힘든 시간을 보내도록 질투했다.			

❸	사람들이	반드시	일해야 하는 것은	열심히인데
원어민적 표현	People	must	work	hard
	그것으로 인해	그들이	가질 수 있는 것은	안락한 삶이다.
원어민적 표현	so that	they	can have	a comfortable life.
한국어식 사고	사람들은 편안한 삶을 살기 위해 열심히 일해야 한다.			

❹	왜	사람들이	절대 존중하지 못하는 것은	서로서로인가?
원어민적 표현	Why	do people	not respect	each other
	그로 인해	그들이	짜증나게 하는 것은	서로서로인가?
원어민적 표현	that	they	annoy	each other?
한국어식 사고	왜 사람들은 서로를 짜증나게 하는 방식으로 서로 존중하지 않는가?			

139

❺	우리가	반드시 극복할 것은	이 시대이다	그것으로 인해서
원어민적 표현	We	will overcome	this era	that
	우리가	충분히 넘겨줄 것은	다음 세대에게	더 나은 세상이다.
원어민적 표현	we	can toss	the next generation	a better world.
한국어식 사고	우리는 다음 세대에게 더 나은 세상을 던져주기 위해서 이 시대를 극복할 것이다.			

▶▶▶ Quick Check!

· relationshlp 관계 · jealous 질투하는 · annoy 짜증나게 하다 · overcome 극복하다 · era 시대
· generation 세대

Chapter 9

—

같은 메시지도
다른 방식으로 말할 수 있다

DAY 34

그 여자는 그 남자와 저녁을 먹기를 원한다.

영상 보기

그 여자가	갖고 싶은 것은	저녁인데
The woman	wants to have	dinner

그건	바로	그 남자와이다.
with	that	man.

훈관쌤의 TIP

❶ 주어 : 주어는 [그 여성이]로 생각하고 the woman이라고 말합니다.

❷ 서술어 : 엄밀히 말하면 '동사'는 wants이고 [원하는 것은]이라고 말하고 to have는 무엇을 원하는지를 구체화하는 'to 부정사의 명사적 용법'이라고 봅니다. 하지만, 이렇게 읽으면 문법적 지식에 너무 얽매이게 됩니다. 따라서 [wants to have] 부분을 '서술어 덩어리'라고 생각하고 서술어처럼 해석합니다. 이에 따라 '갖고 싶은 것은'이라고 생각하고 wants to have라고 말합니다.

❸ 목적어 : 목적어는 [저녁인데]로 생각하고 dinner이라고 말합니다.

❹ 구체화 : 구체적으로 누구와 먹었는지를 말하기 위해 [그건 바로]라고 생각하고 with라고 말하고, [그 남자와 이다]라고 생각하고 that man이라고 말합니다.

▶▶▶ Quick Check!

· **dinner** 저녁식사

예문으로 더 익혀볼까요? ▶▶▶

JOIN 문장

❶	그럼에도 불구하고,	그 남자가	만나길 거부한 것은	그 여자였다.
원어민적 표현	Nevertheless,	the man	refused to meet	the woman.

한국어식 사고 그럼에도 불구하고, 그 남자는 그 여자를 만나는 것을 거부했다.

❷	이에 따라,	그들의 친구들이	결정한 것은
원어민적 표현	Therefore,	their friends	decided
	준비하는 것이었는데	그건 바로 저녁 식사를	바로 그들을 위해서였다.
원어민적 표현	to prepare	for a dinner table	for them.

한국어식 사고 그러므로, 그들의 친구들은 그들을 위해 저녁 식탁을 준비하기로 결정했다.

❸	바로 그가 본 것이	그녀인 다음에,	그가
원어민적 표현	After he saw	her,	he
	도망가려 했던 것은	바로 그 상황으로부터였다.	
원어민적 표현	tried to run away	from the situation.	

한국어식 사고 그녀를 본 후 그는 그 상황에서 도망치려 했다.

❹	그러나,	그가	탈출하지 못한 것은	바로 그 장소로부터 였다.
원어민적 표현	However,	he	failed to escape	from the place.

한국어식 사고 하지만, 그는 그곳에서 탈출하는 데 실패했다.

❺	그녀가	오직 갖고 싶었던 것은	한 잔의 커피였는데	그건 바로 그와 였다.
원어민적 표현	She	only wanted to	have a cup of coffee	with him.

한국어식 사고 그녀는 단지 그와 커피 한 잔만 마시고 싶었다.

▶▶▶ Quick Check!

· prepare 준비하다 · escape 탈출하다

DAY 35

우리는 세상을 보는 새로운 방법을 원한다.

영상 보기

원어민적 표현

우리가	원하는 건	새로운 방법인데
We	want	a new way

그건 바로 보는 것이 세상인 방법이다.
to see the world.

훈관쌤의 TIP

① 주어 : 주어는 [우리]라고 생각하고 we라고 말합니다.

② 서술어 : 서술어는 [원하는 것은]이라고 생각하고 want라고 말합니다.

③ 목적어 : 목적어는 [하나의 새로운 방법인데]라고 생각하고 a new way라고 말합니다.

④ 구체화 : 호흡이 좀 길 수 있으니 주의해야 합니다. 구체적으로 어떤 방법인지를 서술하기 위해 [그건 바로 보는 것이 세상인 방법이다]라고 생각하고 to see the world라고 말합니다.

* [명사1 + to + 명사2]의 형태는 [명사1은 구체적으로 명사2쪽을 향하는 명사1] 임을 의미합니다.

* 같은 맥락에서 [명사 + to + 동사(V)]의 형태는 앞서 언급된 [명사가 구체적으로 동사(V) 하는 특징이 있는 '명사']라는 구조를 갖습니다.

▶▶▶ Quick Check!

· **world** 세상

예문으로 더 익혀볼까요? ▶▶▶

JOIN 문장

❶	새로운 관점	그건 바로 보는 것이 세상인 관점인데	
원어민적 표현	New perspecitve	to see the world	
	그것이 절대 나타나지 않는 것은	쉽게이다.	
원어민적 표현	never emerge	easily.	
한국어식 사고	세상을 보는 새로운 관점은 결코 쉽게 나타나지 않는다.		

❷	사람들이	바라는 것은	재밌는 이야기들인데	그건 바로 들을 만한 이야기이다.
원어민적 표현	People	want	fun stories	to listen to.
한국어식 사고	사람들은 듣기 좋은 재미있는 이야기를 원한다.			

❸	이야기들이	만들어내는 것은	방향들인데	그건 바로 우리가 나아갈 방향들이다.
원어민적 표현	Stories	make	directions	for us to advance.
한국어식 사고	이야기는 우리가 나아갈 방향을 만든다.			

❹	우리가	반드시	기억해야 하는 것은
원어민적 표현	We	must	remember
	글자들인데	그건 바로 사라질 글자들이다	곧.
원어민적 표현	the letters	to disappear	soon.
한국어식 사고	우리는 곧 사라질 편지들을 기억해야 한다		

❺	글자가	나타내는 건	상징인데	그건 바로 우리가 기억해야 하는 상징이다.
원어민적 표현	Letters	represent	symbols	for us to remember.
한국어식 사고	글자는 우리가 기억해야 할 상징을 나타낸다.			

▶▶▶ Quick Check!

· **perspective** 관점 · **emerge** 나타나다 · **advance** 나아가다 · **disappear** 사라지다 · **represent** 나타내다
· **symbol** 상징

DAY 36

나는 누구보다 성공하기 위해 열심히 공부한다.

영상 보기

내가	공부하는 것은	열심히인데
I	study	hard

그건 바로 성공하기 위해서 이다	바로 누구보다도.
to succeed	than anybody else.

훈관쌤의 TIP

❶ 주어 : 주어는 [내가]라고 생각하고 I라고 말합니다.

❷ 서술어 : 서술어는 [공부하는 것은]이라고 생각하고 study이라고 말합니다.

❸ 부사 : 공부를 구체적으로 어떻게 했는지 설명하기에 [열심히인데]라고 생각하고 hard 라고 말합니다.

❹ 구체화(to V) : 앞 문장에서 서술한 바가 무엇을 하기 위해 이루어진 것인지를 서술합 니다. to를 전치사처럼 [그건 바로]라고 해석하고 V를 [V하기 위해서 이다]라고 해석합 니다. [그건 바로 성공하기 위해서 이다]라고 생각하고 to succeed라고 말합니다.

❺ 구체화(전치사) : 구체적으로 성공을 [바로 그 누구보다도]하기 위한 것이라고 생각하 고 than anybody else라고 말합니다.

▶▶▶ Quick Check!

· **succeed** 성공하다

예문으로 더 익혀볼까요? ▶▶▶

JOIN 문장

❶	그 연구자들이	최선을 다했는데	그건 바로 발견하는 것이 그 답이기 위해서였다.
원어민적 표현	The researchers	tried their best	to find the answer.

한국어식 사고 연구원들은 그 답을 찾기 위해 최선을 다했다.

❷	회사들이	디자인하는 것은	그 주변 조건인데
원어민적 표현	Firms	design	the surrounding condition

그건 바로 고용하는 것이 더 나은 디자이너이기 위해서이다.

원어민적 표현 to employ better designers.

한국어식 사고 기업들은 더 나은 디자이너들을 고용하기 위해 주변 환경을 설계한다.

❸	사람들이	반드시	고려해야 하는 것은
원어민적 표현	People	must	consider
	그 상태	바로 생태계의 상태인데	그건 바로 사람들이 일하게 하기 위해서 이다 더 편하게.
원어민적 표현	the sate	of the ecosystem	for people to work more comfortably.

한국어식 사고 사람들이 더 편안하게 일하기 위해서는 생태계의 상태를 고려해야 한다.

❹	조직들이	반드시	준비해놔야 하는 건 바로
원어민적 표현	Organizations	must	prepare for
	휴게실인데	그건 바로 그 노동자들이 쉴 수 있게 하기 위해서이다.	
원어민적 표현	the staff lounge	for the employees to take a rest.	

한국어식 사고 조직은 직원들이 휴식을 취할 수 있도록 직원 휴게실을 준비해야 한다.

❺	그 결정이	당시에 취소된 것은	그건 바로 지원하는 것이 그 회사이기 위해서이다.
원어민적 표현	The decision	has been cancelled	to finance the company.

한국어식 사고 그 회사에 지원을 하는 결정은 취소되었다.

▶▶▶ Quick Check!

· firm 회사 · surrounding 주변의 · employ 고용하다 · consider 고려하다 · ecosystem 생태계
· comfortably 편하게 · staff 직원 · lounge 방, 공간 · finance 지원하다

DAY 37

나는 그가 체육관에서 열심히 운동하는 것을 안다.

영상 보기

원어민적 표현

내가	알고 있는 것은	그건 바로	그가 운동한다는 것이
I	know	of	his exercising

열심히 바로	헬스장에서라는 것이다.
hard	in the gym.

훈관쌤의 TIP

❶ 주어 : 주어는 [내가]라고 생각하고 I라고 말합니다.

❷ 서술어 : 서술어는 [아는 것은 바로]라고 생각하고 know of라고 말합니다.

❸ 구체화(S's Ving) : 구체적으로 [내가 아는 것은] [그가 운동하는 것이 열심히 바로 헬스장에서라는 것이다]라고 생각하고 his exercising hard in the gym 이라고 말합니다.

❹ 이 문장의 형태를 보면, his가 he의 소유격이고 exercising는 exercise라는 동사에 ing를 붙인 형태입니다. 즉 눈에 띄어야 하는 것은 he exercise라는 단어입니다.

❺ 복잡하게 생각하지 마세요. I know(내가 아는 것은) he exercise(그가 운동한다는 것이다)라고 해석합니다. he를 his의 형태로 바꾸고 exercise를 exercising으로 바꾸었을 뿐입니다.

▶▶▶ Quick Check!

· **gym** 헬스장, 체육관

예문으로 더 익혀볼까요? ▶▶▶

148

JOIN 문장

❶

	그 트레이너들	바로 헬스장의 트레이너들이	본 것은
원어민적 표현	The trainers	in the gym	saw

그가 고군분투 하는 것이 바로 그 기구를 다루는 데에인 것이다.

원어민적 표현	his struggling with the equipment.
한국어식 사고	체육관의 트레이너들은 그가 기구와 고군분투하는 것을 보았다.

❷

	그 사람	바로 그녀 옆에 사람이	방해한 것은
원어민적 표현	The man	next to her	disturbed

그녀가 운동하는 것이다.

원어민적 표현	her exercising.
한국어식 사고	옆에 있던 남자가 그녀의 운동을 방해했다.

❸

	바로 운동 후,	새 트레이너가	언급한 것은 바로
원어민적 표현	After the exercise,	the new trainer	mentioned of

키 큰 남자가 운동하는 것에 대해서였다.

원어민적 표현	the tall guy's exercising.
한국어식 사고	운동이 끝난 후, 새로운 트레이너는 키가 큰 남자의 운동에 대해 언급했다.

❹

	그 커플이	다퉜던 것은 바로	그들이 사용하는 것이 그 장비인 것에 대해서 였다.
원어민적 표현	The couple	quarreled over	their using the equipment.
한국어식 사고	그 커플은 장비를 사용하는 것에 대해 말다툼을 했다.		

❺

	경찰이	질문했던 것은	바로 그 커플이 싸운 것에 대해서 였다.
원어민적 표현	The police	asked	about the couple's fighting.
한국어식 사고	경찰은 그 커플의 싸움에 대해 물었다.		

▶▶▶ Quick Check!

· **struggle** 고군분투하다, 힘들어하다 · **equipment** 장비 · **disturb** 방해하다 · **mention** 언급하다 · **quarrel** 다투다

DAY 38

나는 커피를 마시며 영어 공부를 했다.

영상 보기

원어민적 표현

내가	공부한 건	영어이고,
I	studied	English,

마신 것은	한잔의 커피였다.
drinking	a cup of coffee.

훈관쌤의 TIP

① 주어는 [내가]라고 생각하고 I라고 말합니다.

② 서술어 : 서술어는 [공부한 것은]이라고 생각하고 studied라고 말합니다.

③ 목적어 : 목적어는 [영어이고] 라고 생각하고 English라고 말합니다.

④ 뒤 문장 주어 : 주어는 앞 문장과 같은 I이기 때문에 반복되어 생략합니다.

⑤ 뒤 문장 서술어 : drink가 서술어인데 접속사 and가 없으니 ing로 대체합니다. 이에 따라 drinking이라고 말하는 것입니다.

⑥ 뒤 문장 목적어 : a cup of coffee가 목적어입니다.

▶▶▶ Quick Check!

a cup of coffee 커피 한 잔

예문으로 더 익혀볼까요? ▶▶▶

JOIN 문장

❶

내가	간 것은	바로 영화관이었고,
원어민적 표현 I	went to	the movie theatre,
본 것은	아바타2 였다.	
원어민적 표현 watching	*Avatar 2.*	

한국어식 사고 나는 아바타2를 보러 영화관에 갔다.

❷

그 주인공은	강력했고,	무찌른 건	적군들이었다.
원어민적 표현 The main character	was strong,	defeating	the enemies.

한국어식 사고 주인공은 강해서 적들을 물리쳤다.

❸

우리가	가졌던 것은	대화였고,
원어민적 표현 We	had	a conversation,
토론한 것은	바로 그 문제에 대해서였다.	
원어민적 표현 debating	on the issue.	

한국어식 사고 우리는 그 문제에 대해 토론하면서 대화를 나눴다.

❹

팬들이	봤던 것은	그 연예인이었고,
원어민적 표현 The fans	saw	the celebrity,
뛰었던 것은	바로 그 사람을 향해서였다.	
원어민적 표현 running	towards the person.	

한국어식 사고 팬들은 연예인을 보고 그 사람을 향해 달려갔다.

❺	우리가	사는 것은	부지런히 이고,
원어민적 표현	We	live	diligently,
	얻고 싶은 것은	행복이다.	
원어민적 표현	striving	to get happiness.	
한국어식 사고	우리는 행복을 얻기 위해 부지런히 살아간다.		

▶▶▶ Quick Check!

· conversation 대화 · debate 토론하다 · issue 문제 · celebrity 연예인 · diligently 부지런하게
· strive 노력하다, 하고 싶어 하다

DAY 39

만약 내가 열심히 공부했더라면,
나는 서울대학교에 입학했을 것이다.

영상 보기

원어민적 표현

만약 내가	공부했던 것이	열심히였다면,	내가
If I	had studied	hard,	I

반드시 당시에 들어갔을 것은	서울대였을 텐데.
would have entered	Seoul National University.

훈관쌤의 TIP

❶ 영어의 가정법에서 가정하는 상황이 벌어졌으면 어땠을지 서술하는 부분에서는 '조동사'와 '시제'를 사용합니다.

❷ 조동사

조동사에는 would, could, might 등이 있습니다. 조동사는 동사 앞에 붙어서 한국말로 치자면 '~했을 텐데'의 느낌이 들게 만들어줍니다. would는 '반드시 ~했을 텐데', could는 '충분히 ~했을 텐데', might는 '아마도 ~했을 텐데'로 해석합니다. 이 부분에서는 '반드시'라고 생각하고 would라고 해석합니다.

❸ 시제

시제는 have p.p(현재완료) 시제를 사용하여 표현합니다. have p.p의 have는 한국식 문법으로는 '진행, 완료, 경험' 등의 의미가 있는데, 그런 건 영어를 실제로 구사할 때는 아무 도움도 안 됩니다. have p.p의 have는 '당시에'로 해석합니다. 결국 would have p.p는 '반드시 당시에 ~했을 텐데'로 해석됩니다. 따라서 이 문장에서의 would have entered는 '반드시 당시에 들어갔던 것은 ~였을 텐데'로 생각하고 말합니다.

❹ 목적어 : 들어가는 곳이 '서울대'이기 때문에 '서울대였을 텐데'라고 생각하고 Seoul National University라고 말합니다.

▶▶▶ Quick Check!

· enter 들어가다

예문으로 더 익혀볼까요? ▶▶▶

JOIN 문장

❶	만약	내가	가졌던 것이	기회라면,
원어민적 표현	If	I	had	a chance
	내가	아마도 만날 수 있었던 것은	그녀였을 텐데.	
원어민적 표현	I	might have met	her.	
한국어식 사고	기회가 있었다면 그녀를 만났을지도 모른다.			

❷	만약	그들이	방문했던 것이	그 레스토랑이었다면,
원어민적 표현	If	they	had visited	the restaurant,
	그들이	충분히 당시에 좋아했을 것은	그 장소였을 텐데.	
원어민적 표현	they	could have liked	the place.	
한국어식 사고	만약 그들이 그 식당을 방문했다면, 그들은 그곳을 좋아할 수 있었을 것이다.			

❸	만약	우리가	당시에 만났던 것이	2년 전이었다면,
원어민적 표현	If	we	had met	2 years ago,
	우리가	아마도 사랑에 빠졌을 것은	바로 서로와 였을 텐데.	
원어민적 표현	we	might have fallen	in love with each other.	
한국어식 사고	만약 우리가 2년 전에 만났더라면, 우리는 서로 사랑에 빠졌을지도 모른다.			

❹	만약	인간이	당시에 살았던 것이
원어민적 표현	If	human beings	had lived
	바로 그런 방식으로였다면,	그들은	반드시 당시에 멸종했을 것이다.
원어민적 표현	in such a way,	they	would have disappeared.
한국어식 사고	인간이 그런 식으로 살았다면 그들은 사라졌을 것이다.		

154

❺	만약	그가	당시에 먹었던 것이
원어민적 표현	If	he	had eaten
	그 음식이었다면,	그는	아마도 점점 더 건강해졌을 텐데.
원어민적 표현	the food	he	might have become healthier.
한국어식 사고	만약 그가 그 음식을 먹었다면 그는 더 건강해졌을지도 모른다.		

▶▶▶ Quick Check!

· **visit** 방문하다 · **healthier** 더 건강한 · **disappear** 사라지다 · **such** 그와 같은

DAY 40

당신은 영어를 공부하고 있는가?

영상 보기

혹시 당신이	공부하고 있는 것은	영어인가?
Are you	studying	English?

훈관쌤의 TIP

① 의문문은 문장을 [도치]시킵니다. 문장이 [도치]된다는 개념에 대해 오해하는 사람들이 많은데, 이 [도치]라는 것은 많이들 알고 있는 것처럼 [주어-동사]의 순서를 바꾼다기보다는 '조동사 역할'을 맨 앞으로 빼고 실질적인 의미를 갖는 [주어-동사]의 순서는 그대로 위치시킵니다.

여태껏 이 책에서 알려주고자 했던 가장 중요한 지점 중 하나는 이와 같이 영어 문장을 [주어-동사]의 단순한 나열로써 받아들이는 것입니다.

② 머릿속으로 '혹시'라고 말하고 궁금한 것을 질문할 때 맨 앞의 조동사는 Do, Are, Could, Would를 말합니다.

위 문장도 마찬가지입니다.

조동사 : '혹시'라고 생각하고 Are이라고 말합니다.

주어 : '당신이'라고 생각하고 you라고 말합니다.

동사 : '공부하고 있는 것은'이라고 생각하고 studying이라고 말합니다.

목적어 : '영어이다'라고 생각하고 English라고 말합니다.

▶▶▶ Quick Check!

· study 공부하다

예문으로 더 익혀볼까요? ▶▶▶

JOIN 문장

❶	혹시	그 남자가	준 것은
원어민적 표현	Did	the man	give
	당신에게	선물이었나]요?	
원어민적 표현	you	the present?	
한국어식 사고	남자가 너에게 선물을 주었니?		

❷	혹시	당신이	건네줄 수 있는 것은
원어민적 표현	Could	you	pass
	나에게	소금인가요	제발?
원어민적 표현	me	the salt	please?
한국어식 사고	소금 좀 건네주시겠어요?		

❸	혹시	당신이	앉을 수 있는 것은	바로 내 옆에인가요?
원어민적 표현	Would	you	sit	next to me?
한국어식 사고	제 옆에 앉으시겠어요?			

❹	혹시	당신이	집중하고 있는 것은	나에게 인가요?
원어민적 표현	Are	you	paying attention	to me?
한국어식 사고	내 말에 집중하고 있어?			

❺	혹시	당신이	아는 것은	김치인가요?
원어민적 표현	Do	you	know	kimchi?
한국어식 사고	김치 아세요?			

▶▶▶ Quick Check!

- **pay attention** 집중하다, 관심을 기울이다

Chapter 10

다시 읽고 다시 말하며
원어민적 관점을 획득하라

DAY 01

영상 보기

The term	indicates	the actual	meaning.
그 용어가	가리키는 것은	그 실제	의미이다.

❶ the term은 주어로 '그 용어가'와 같이 해석한다.

❷ indicates는 서술어로 '가리키는 것은'과 같이 해석한다.

❸ the actual meaning은 목적어로 '그 실제 의미'라고 해석한다.

❹ 이어 붙이면 '그 용어가 가리키는 것은 그 실제 의미다'와 같이 왼쪽에서 오른쪽으로 자연스럽게 이해할 수 있다.

❺ 이 문장을 통해서 '그 용어는 실제 의미를 가리킨다'와 같이 결과론적으로 의역하는 방식과의 차이점을 알아채야 하는 것이 핵심이다.

People	must	discuss
사람들이	반드시	논의해야 하는 것은

the problem	carefully.
그 문제다	조심스럽게.

❶ must discuss는 서술어로 '반드시 논의해야 하는 것은'과 같이 해석한다.

이때, must는 조동사로, 동사 discuss의 의미를 좀 더 명확하게 해주는 역할을 한다.

그럼 이것을 '~해야만 한다'와 같이 해석해야만 할까? 그렇지 않다. must가 discuss 왼쪽에 있기 때문에 must를 먼저 해석해줘야 하는 것이다. 따라서 must와 같이 조동사는 이 조동사 자체를 해석하는 방식 자체를 먼저 알아야 한다. must는 '반드시'와 같이 해석을 앞에서 먼저 던져줘야 한다.

❷ 조동사의 해석을 정리해보면 다음과 같다.

– can : ~할 수 있다(x) 충분히 V할 수 있다.(o)

– could : ~할 수 있다(x) 충분히 V할 수 있다.(o)

두 개의 조동사를 이해하고 넘어가는 과정에서는 굳이 두 해석의 차이에 신경 쓸 필요는 없다. 두 해석 모두 어떤 행위를 할 수 있는 가능성이 충분함을 의미하기 때문이다.

– may : ~할 것이다(x) 아마도 V할 것이다.(O)

– might : ~할 것이다(x) 아마도 V할 것이다.(O)

The organization	provides	the members	with
그 기관이	제공하는 것은	그 멤버들인데	그건 바로

inspiration.
영감이다.

❶ the organization은 주어로 '그 기관이'와 같이 해석한다.

❷ provides는 서술어이기에 '제공하는 것은'과 같이 해석한다.

❸ the members가 '목적어'이기에 '그 멤버들'로 해석한다. 이때, 아직 문장이 끝나지 않았기 때문에 '~인데'와 같이 뒷부분과 연결할 준비를 한다.

❹ with inspiration에서의 with는 전치사로서 앞에 있는 내용을 '구체화'하기에
'그건 바로'와 같이 해석하고, '도대체 그 기관이 제공하긴 했는데
뭘 제공한 거지?'와 같은 궁금증을 가진 상태에서
'그건 바로 영감이다'로 마무리 지으며 해석을 마친다.

❺ 영어에서 이러한 문장의 구조는 자주 마주할 수 있다.
[S + V + A + 전치사 + B]
이러한 문장의 구조는 말하자면 이러한 의미를 갖고 있다.
S가 V와 같은 행위를 하는데 그것이 A라는 대상에게 영향을 미친다.
그런데 그러한 영향을 미치는 행위가 구체적으로 어떻게 이루어진 것인지를
'전치사'로 연결하여 B와 같은 것으로, B와 같은 것을 통해, B로써 등과 같이
B와 관련된 진술로 연결된다.
이때 중요한 것은 '동사의 의미'이다. '동사의 의미'에 따라서
어떻게 내용이 구체화될지가 정해지기 때문이다.

The president	asked	the most	important
그 대통령이	물어봤던 것은	그 가장	중요한

question	of the	students.
질문이었는데	그건 바로	학생들에게 였다.

❶ the president는 주어로 '그 대통령이'와 같이 해석할 수 있다.

❷ asked는 서술어로 '물어본 것은'과 같이 해석할 수 있다.

❸ the most important question이 목적어로 '그 질문'이라고 해석하고 뒤의 내용과 연결하자면 '그 가장 중요한 질문들인데~' 정도로 연결할 수 있다.

'질문들에게' 물어본다는 것보다는 '질문을' 물어보는 것이 자연스럽다. 왜냐면 애초에 서술어가 ask이기 때문이다. ask라는 행위와 the most important question이라는 질문과의 관계를 이해하며 자연스럽게 해석할 수 있어야 한다.

❹ of는 전치사로 구체화하는 역할을 하기 때문이 '그건 바로'와 같이 연결하고 '그건 바로 그 학생들에게였다' 정도로 마무리한다.

❺ 이와 같이 S + ask + A +of + B의 형태를 띠는 구조를 암기해야 하는 것일까?

물론 한번 본 이상 이를 암기해도 무방하다. 하지만, 한번 이해를 해보면 생소한 문장의 형태가 나와도 그 문장이 대략 어떤 의미를 가졌는지를 이해하기 수월하다.

Efficiency improvements	reached	the final goal.
효율성 향상이	도달했던 것은	그 최종 목표였다.

❶ efficiency improvements가 주어이기에 '효율성 향상이'로 해석한다.

❷ reach의 과거형 reached가 서술어이기에 '도달했던 것은'으로 해석한다.

❸ the final goal은 목적어로 '그 최종 목표'로 해석하고 문장은 '~였다'로 마무리한다.

DAY 02

영상 보기

His training	at the college	was short.
그의 훈련	그건 바로 그 대학에서의 훈련인데	그것은 짧았다.

❶ 주어는 His training at the college인데, 이는 His training과 training을 구체화하는 at the college로 나눌 수 있다. '그의 훈련'이긴 한데 구체적으로 어디에서 이루어지는 훈련 인지를 전치사 at를 통해서 구체화하였기 때문에 전치사 at은 '그건 바로'로 해석한다.

❷ was는 서술어다. 앞에서 His training at the college를 '그의 훈련 그건 바로 그 대학에서 의 훈련인데'로 해석했기에, was라는 be동사는 다시 한번 주어를 상기시키는 차원에서 '그것은'으로 해석한다. 단순히 '은/는'으로 해석하기에는 부자연스럽다.

❸ short는 그의 대학에서의 훈련이 어땠는지 서술하는 것이므로 보어이며, '짧았다'로 해석 한다.

Students	provided	each other
학생들이	제공했던 것은	서로에게
with valuable	**resources.**	
가치 있는	자원들이었다.	

❶ students는 주어이기 때문에 '학생들이'로 해석한다.

❷ provided는 '과거형' 서술어이기 때문에 '제공했던 것은'으로 해석해준다.

❸ 목적어 each other는 'provide'의 대상이기 때문에 누가 제공받은 것인지를 서술하여 '서 로에게'와 같이 해석해준다.

❹ 문장이 아직 끝나지 않았다. 구체적으로 무엇을 제공한 것인지를 with valuable resources에서의 with로 구체화한다. with는 전치사이기 때문에 '그건 바로'와 같이 해석 하고, 제공한 것이 도대체 뭐냐! '그건 바로 가치 있는 자원들이었다'로 마무리해준다.

Politics	imposes	responsibilities
정치가	부여하는 것은	책임인데

on the related	stakeholders.	
그건 바로 그 관련된	이해관계자들이다.	

❶ politics는 주어이기 때문에 '정치가'와 같이 해석한다.

❷ impose는 '부여하다'라는 의미를 가지고 있는 서술어이기 때문에 '부여하는 것은'과 같이 해석한다.

❸ responsibility는 '책임'이기 때문에 '책임인데'와 같이 해석한다. 아직 문장이 끝나지 않았기 때문에 '~인데'를 붙여준다.

❹ 구체적으로 어디에 책임을 부여하는지를 구체적으로 서술하기 위해 전치사 on을 사용했다. 이에 따라 '그건 바로 그 관련된 이해관계자들에게 이다'로 해석한다. 책임이 구체적으로 누구에게 부여되는지를 서술한다.

I	woke up	to the noise	of the	cars.
내가	잠에서 깼던 것은	바로 그 소리 때문인데	그건 바로	그 자동차의 소리 때문이었다.

❶ I는 주어로 '내가'로 해석한다.

❷ woke up은 서술어로 '깨어났다'의 의미를 갖기 때문에 '깨어났던 것은'과 같이 해석한다.

❸ 깨어나긴 했는데 무엇으로 인해 깨어났는지를 구체화하기 위해 전치사 to를 사용했다. 이를 '바로'와 같이 해석하고(혹은 '그건 바로'와 같이 해석하고) '그건 바로 그 소리 때문이었다'와 같이 이해한다. 전치사 to도 그렇지만, 다른 모든 전치사는 한국어로 딱 떨어지게 직역하는 데 한계가 있다. 하나의 전치사가 너무나도 많은 의미를 갖기 때문이다. 이는 앞뒤 내용이 전치사 뒤의 명사(여기에서는 the noise)와 어떤 관련성을 가지고 있는지를 맥락으로 파악하고 해석해야 한다.

❹ the noise가 '구체적으로 어떤 소리'인지를 of the cars의 of로 구체화한다. of도 '그건 바로'와 같이 해석하여 그 소리는 '바로 자동차들의 소리다'와 같이 해석해준다.

The teacher	treated	him	differently
그 선생님이	대우한 건	그를	다르게였는데

from	the other.		
그건 바로	그 다른 사람들과 다르게였다.		

❶ the teacher는 주어이기 때문에 '그 선생님이'와 같이 해석한다.

❷ treat는 '대우하다', '다루다' 등의 의미를 지니기 때문에 '대우한 것은'과 같이 해석한다.

❸ him은 '대우하는 행위'의 대상이기 때문에 '그 사람을', '그를'과 같이 해석한다.

❹ differently는 부사이기 때문에 '다르게였는데'로 해석한다.

❺ 구체적으로 대우를 어떻게 다르게 했는지를 서술하기 위해 from the other에서의 from은 '그건 바로'와 같이 해석하고, '그건 바로 다른 사람들로부터'와 같이 해석한다. 결국 선생님이 대우를 했는데 그를 대우했고, 다른 방식으로 대우했는데, 구체적으로 다른 사람들과는 다른 방식으로 대우했다는 의미.

이때 '다른 사람들과 다르게'라는 말은 두 가지 의미로 해석될 여지가 있다.

(1) 선생님이 대우하는 방식 자체가 다른 선생님들과 달랐다.

(2) 그 학생을 차별적으로 다른 학생들과 다르게 대우했다.

만약 하나의 말이 두 가지 의미를 갖게 될 수 있다면 어떤 방식으로 이해하는 것이 올바를까? 앞뒤 문장의 맥락에 따라 이해해야 한다.

DAY 03

The young people	asked	the old people
그 어린 사람들이	물어본 것은	그 나이 든 사람들에게 인데

to	leave.
그건 바로	(그들이) 떠나줄 수 있는지 였다.

❶ 주어인 the young people은 '그 어린 사람들이'로 해석한다.

❷ ask의 과거형인 asked는 '물어본 것은'과 같이 해석한다. 사실 문장을 다 읽고 나면 '요청하다'라는 의미가 더 어울린다. 하지만 문장을 왼쪽에서 오른쪽으로 읽기 때문에 '물어보다'라는 기본적 의미에서 시작해야 한다. 어차피 어떤 사람이 어떤 행동을 하도록 요청한다는 것은 그렇게 할 수 있는지 물어본다는 것과 같은 의미다.

❸ the older people는 목적어이기에 '그 나이 든 사람들에게'라고 해석한다.

❹ to leave는 문법적으로는 보어다. 보어는 애초에 바로 앞 명사와 같은 것 내지는 같은 상태다. 즉, 이 문장을 왼쪽에서 오른쪽으로 읽어보면 '그 어린 사람들이 물어봤는데 그게 나이 든 사람들이 떠나줄 수 있는지를 물어봤다'는 내용이다. 따라서 the older people에게 '앞으로 떠나주실 수 있는지' 물어본 것이기에 보어 자리에 to V(to 부정사)의 형태가 쓰이는 것이다.

Citizens	persuaded	the mayor	to
시민들이	설득했던 것은	그 시장인데	그건 바로

balance	the cost	and the benefits.
그가 균형 잡는 것이	그 비용과	이익이도록 이었다.

❶ citizens는 주어이기에 '시민들이'로 해석한다.

❷ persuaded는 persuade(설득하다)의 과거형이기에 '설득했던 것은'으로 해석한다.

❸ the mayor는 목적어이기에 '그 시장'으로 해석한다. 설득 대상이 시장인 것이다.

❹ to balance the cost and the benefits 자체가 '보어'라고 본다. 시장을 설득해 어떤 상태가 되도록 만들고 싶은 것이냐면 '비용과 이익이 균형 잡히도록' 설득하고 싶다는 의미다.

* to V(to부정사)의 to는 전치사에서 빌려온 것이다. 전치사의 역할은? '구체화'다. 바로 앞에 있는 무언가의 '행동적 특징'을 구체화하기 위해 나온 개념이다.

George	saw	Josh
조지가	본 것은	조시가

swimming	in	the icy water.
수영하는 것이었다	바로	그 얼음물에서.

❶ George는 주어이기에 '조지가'로 해석한다.

❷ saw는 서술어이기에 '본 것은'으로 해석한다.

❸ Josh는 목적어이기에 '조시가'로 해석한다.

❹ swimming은 보어다. 보어는 앞 명사의 상태를 나타내므로 여기서는 Josh의 상태를 나타낸다.

❺ in the icy water는 앞에서 서술한 것이 특히 구체적으로 '얼음물에서' 벌어졌음을 알려준다. 따라서 '그건 바로 얼음물에서' 정도로 해석한다.

* Ving에서의 ing도 '구체화'하기 위해 사용하는 것이다. to V에서는 to가 V앞에 위치하여 구체화 역할을 한다면, Ving에서는 ing가 V뒤에 붙어 구체화 역할을 한다고 생각하면 된다.

The king	ordered	the other species
그 왕이	명령했던 것은	그 다른 종들인데

to	be killed.	
그건 바로	(그것들이) 죽임 당하도록 이다.	

❶ the king은 주어이기에 '그 왕이'로 해석한다.

❷ ordered는 order의 과거형이기에 '명령했던 것은'으로 해석한다.

❸ the other species가 목적어이기에 '그 다른 종들'로 해석한다.

❹ to be killed는 the other species가 어떤 상태로 되길 명령했는지를 나타낸다. to V에서 V 자리에 be killed가 들어갔기에 '능동태'가 아닌 '수동태'이기에 '죽임당하도록'으로 해석한다.

Old people	wanted	their family
나이 든 사람들이	원했던 것들은	그들의 가족들이

to	be in peaceful state.	
바로	평화로운 상태에 있는 것이었다.	

❶ old people은 주어이기에 '나이 든 사람들이'로 해석한다.

❷ wanted가 want의 과거형이기에 '원했던 것은'으로 해석한다.

❸ their family가 목적어이기에 '그들의 가족들'로 해석한다. 이때 want라는 서술어 자체가 '원하다'이기에, '가족들이 어떠한 상태에 있기를 원한다'는 뉘앙스로 볼 수 있어, their family가 어떤 상태에 있기를 원하는지를 궁금해하는 상황으로 넘어간다.

❹ to be in peaceful state는 보어다. 나이 든 사람들이 원했던 건 가족들이 바로 평화로운 상태에 있길 원헸던 것이구나 하고 이해할 수 있다.

DAY 04

On	his seventeenth birthday	his dad
바로	그의 열일곱 번째 생일에	그의 아버지가

handed	him	a big envelope.
건넨 것은	그에게	하나의 큰 봉투였다.

❶ 전치사 on은 '바로'로 해석하고 his seventeenth birthday는 그의 열일곱 번째 생일이니까 '바로 그의 열일곱 번째 생일에'로 해석한다.

❷ his dad는 주어이기에 '그의 아버지가'로 해석한다.

❸ 주어와 나머지를 연결해주는 서술어이기에 handed는 '건넨 것은'으로 해석한다.

❹ 물건을 받은 사람이 him이기에 '그에게'로 해석한다(건네고 이를 받았으니 '~에게'가 적절하다).

❺ envelope은 받은 사람이 아닌 건넨 물건이기에 '하나의 큰 봉투였다'로 마무리한다.

The author	wrote	many novels	and
그 작가가	썼던 것은	많은 소설이었고	그리고

some gained	him	a wide audience.
몇몇이 얻어준 것은	그에게	하나의 넓은 관객층이었다.

❶ the author는 주어이기에 '그 작가가'로 해석한다.

❷ 서술어 wrote는 '썼다'이기에 '썼던 것은'으로 해석한다('쓴 것은'으로 해석해도 무방하다).

❸ many novels가 목적어이고 문장이 끝나지 않았기에 '많은 소설이었고' 정도로 해석한다.

❹ and는 '그리고'로 해석한다.

❺ some은 many novels 중 몇몇을 의미하기에 '몇몇이'로 해석한다.

❻ some에 대한 서술어인 gain은 '얻다'는 의미이기에 '얻어준 것은'으로 해석한다.

❼ him은 gain(얻어준 것은)의 목적어이기에 '그에게'로 해석한다.

❽ gain의 또 다른 목적어 'a wide audience'는 '하나의 넓은 관객층이었다'로 해석한다.

The tone	in	another's voice	gives
그 톤	바로	타인의 목소리 톤이	주는 건

us	an enormous amount of	information.
우리에게	하나의 엄청난 양의	정보이다.

❶ the tone in another's voice는 주어이기에 '그 톤 바로 타인의 목소리의 톤이'로 해석한다.

❷ give의 단수 동사 형태인 gives는 서술어이기에 '주는 것은'으로 해석한다.

❸ 목적어 us는 간접목적어(주어지는 사람)이기에 '우리에게'로 해석한다.

❹ 또 다른 목적어 an enormous amount of information은 직접목적어(주는 물건 등)이기 때문에 '엄청난 양의 정보다'로 마무리한다.

His uncle,	a tall silent pilot,	brought
그의 삼촌,	그는 하나의 키 큰 조용한 파일럿인데,	그가 사준 것은

her	a bunch of	red party balloon.
그녀에게	한 움큼의	빨간 파티용 풍선이었다.

❶ his uncle이 주어다.

❷ a tall silent pilot은 바로 앞의 his uncle과 '동격'이고, 원어민들은 이를 앞에 있는 것에 대한 구체적 정보로 보기에 '그는 하나의 키 큰 조용한 파일럿인데'와 같이 '구체화'하여 해석한다.

❸ bought는 buy의 과거형이며 서술어이기에 '사준 것은'으로 해석한다.

❹ her은 간접목적어(주어지는 사람)이기에 '그녀에게'로 해석한다.

❺ a bunce of red party balloon은 직접목적어(주는 물건 등)이기 때문에 '한 움큼의 빨간 파티용 풍선이었다'로 해석을 마무리한다.

She	would read	her daughter
그녀가	꼭 읽어주곤 했던 것은	그녀의 딸에게

a story	at night.
하나의 이야기였다	바로 밤에.

❶ she는 주어이기에 '그녀가'로 해석한다.

❷ would read는 서술어인데 would는 '반드시' 내지는 '꼭'이라는 의미를 갖는다. 우리나라 말에서 '걔는 꼭 자기 전에 뭘 먹더라?'와 같은 뉘앙스가 'would'에 들어가 있다. 따라서, '종종 무언가를 하곤 했다'의 의미가 내포된다. 따라서 '꼭 읽어주곤 했던 것은'과 같이 해석한다.

❸ 목적어 her는 '읽어주는 행위의 대상'이기에 '그녀에게'로 해석한다.

❹ 또 다른 목적어 a story는 '읽어주는 것'이기에 '하나의 이야기였다'로 마무리 짓는다.

❺ at night는 [전치사+명사]의 형태로 구체적 정보를 제시하기에 '바로 밤에' 정도로 해석한다.

DAY 05

영상 보기

The professor	of King's college	remained	calm
그 교수	그는 바로 킹스 칼리지의 교수인데	그의 상태는	차분했는데

even	in the midst of	the chaos.
심지어	바로 그 도중	바로 그 혼돈의 도중에도. (차분했다).

❶ 주어는 the professor of King's college다. 이때 of King's college의 of는 '전치사'로, 앞에 있는 the professor에 대한 '구체적 서술'을 하기 때문에 '구체화'하는 방식으로 해석한다. 따라서 '그 교수, 그건 바로 킹스 칼리지의 교수'와 같이 해석해준다

❷ remained부터 서술어인데, 이는 The professor of King's college의 '상태'에 대해서 서술하는 '상태동사'이기 때문에 '그의 상태는'과 같이 해석한다.

❸ calm은 그 교수에 대한 '상태'를 알려주는 '보어'이기 때문에 그 상태가 '차분했다'와 같이 해석한다.

❹ even은 '심지어'로 해석하며, 'in the midst of'는 '바로 어떤 상태의 도중'이라는 의미를 갖기에 '바로 그 도중'과 같이 해석한다. 따라서 '심지어 바로 그 도중 바로 그 혼돈의 도중에도'와 같이 해석한다. 여기서 of도 '전치사'로 앞에 있는 'the midst'를 구체화하는 것이기 때문에, '그 도중, 바로 (구체적으로) 혼돈의 도중'이라고 해석할 수 있는 것이다.

The amazing device	became	important
그 놀라운 장치가	점점	중요해졌던 것은

in	everyday lives.
바로	매일매일의 삶에서 였다.

❶ the amazing device는 주어이기에 '그 놀라운 장치가' 정도로 해석한다.

❷ become의 과거형인 became은 서술어이기에 '점점'으로 해석하고 뒤에서 '~되었다'로 회수한다.

❸ 주어의 상태에 대해 important로 서술하는 보어이기에 '중요해졌다'로 해석한다.

❹ [전치사+명사]의 형태로 in every day lives는 '바로 매일의 삶에서'로 해석한다.

172

The hotel restaurant's soup	smelled	so good.
그 호텔 식당의 수프	냄새가	매우 좋았다.

❶ the hotel restaurant's soup이 주어이기에 '그 호텔의 레스토랑의 수프'로 해석한다.

❷ smell의 과거형 smelled는 '냄새가'로 해석한다. 서술어는 '~한 것은'으로 해석하여 '수프가 냄새 난 것은 매우 좋았다'로 해석해도 이해는 할 수 있다.

  * 2형식 동사 smell, taste, look 등은 주어의 냄새, 맛, 모습 측면에서의 상태를 나타내기 때문에 이와 같이 이해해준다.

❸ 보어 so good은 '냄새'의 측면에서 주어의 상태를 나타내기에 '매우 좋았다'로 마무리 짓는다.

For the guide,	the cake	tasted
바로 그 가이드에게는	그 케이크	맛이
amazing	**like it did**	**10 years ago.**
놀라웠다	바로 이것이 그랬던 것처럼	10년 전에.

❶ for the guide의 for는 전치사이기에 '바로 그 가이드에게는' 정도로 해석한다.

❷ the cake는 주어이기에 '그 케이크' 정도로 해석한다.

❸ taste의 과거형인 tasted는 '맛이' 정도로 해석한다. 즉 케이크의 맛이 어떤 특징이 있는지를 서술해준다.

❹ 보어 amazing은 주어 the cake의 '맛'의 상태를 알려주기에 '놀라웠다' 정도로 이해한다.

❺ like it did 10 years ago에서의 like는 '접속사'인데, 이는 앞 문장에 대해서 부가적으로 서술하는 역할을 한다. 따라서 '마치 이것이 그랬던 것처럼 10년 전에'로 해석한다.

After the marathon,	the runner	seemed	very tired.
바로 그 마라톤 다음에,	그 달리는 사람들이	모습이	매우 피곤해 보였다.

❶ 전치사 after은 '바로'로 해석하여, '바로 그 마라톤 다음에'로 해석한다.

❷ the runners가 주어이기에 '그 달리는 사람들'로 해석한다.

❸ 서술어 seem은 'the runners'라는 주어에 대한 '겉모습'이 어떤지를 보여주기 때문에 '모습이' 정도로 해석한다.

❹ 보어 very tired는 the runners의 '겉모습 상태'가 어떤지를 서술해주기에 '매우 피곤해 보였고' 정도로 해석한다.

DAY 06

The process	worked	very well	50 years ago.
그 절차가	작동한 것은	매우 잘 이었다	50년 전에.

❶ the process는 주어이기에 '그 절차가'로 해석한다.

❷ work의 과거형인 worked는 '작동했던 것은'으로 해석한다.

❸ 부사 very well은 앞에 쓰인 [주어+서술어]로 완성된 문장을 방식적으로 구체적으로 서술하여 '매우 잘' 정도로 해석한다.

❹ 부사 50 years ago는 앞에 쓰인 [주어+서술어+부사]를 시간적으로 구체적으로 서술하여 '50년 전에' 정도로 해석한다.

The economy	will fail	during the next quarter.
경제가	반드시 망할 것은	바로 그 다음 분기 동안 이다.

❶ the economy는 주어이기에 '그 경제가'로 해석한다.

❷ will fail은 서술어이기에 '반드시 실패할 것은'으로 해석한다(조동사 will은 '반드시'로 해석한다).

❸ during이 전치사이고, the next quarter이 명사이기에 이 [전치사+명사]의 형태를 '바로 그 다음 분기 동안'으로 해석한다.

Most couples	break up
대부분의 커플들이	헤어지는 건

within 6 months of relationship.

바로 6개월의 관계 내에 이다.

❶ most couples는 주어이기에 '대부분의 커플이'로 해석한다.

❷ 서술어 break up은 '헤어지다'라는 의미를 갖기에 '헤어지는 것은'으로 해석한다.

❸ 구체적으로 어떻게 헤어지는지를 서술하기에 [전치사+명사]의 형태를 띠었고 전치사는 within, 명사는 6 months of relationship이기에 '바로 6개월의 관계 내에서다'로 해석한다. 물론 6 months of relationship도 둘로 나뉜다. 6 months가 '6개월'인데 구체적으로 어떤 6개월인지를 뒤의 of relationship(전치사+명사)의 형태로 구체화한다. 즉, 구체적으로 '어떤 6개월이냐면 바로 관계를 기저온 6개월'이라고 설명한다.

The statistics	declined	almost	to the last year.
그 통계가	하락한 것은	거의	바로 그 작년 수준으로 였다.

❶ the statistics는 주어이기에 '그 통계가'로 해석한다.

❷ decline의 과거형인 declined는 '하락한 것은'으로 해석한다. '하락했다'로 해석할 수도 있지만, 아직 문장이 안 끝났기에 최대한 연결의 느낌을 살려 해석하고 이해한다.

❸ 부사 almost는 하락이 어느 정도로 하락했는지를 구체적으로 서술해주어 '거의'라고 해석한다.

❹ 전치사 to와 명사 the last year로 구체적으로 얼마나 하락했는지를 서술한다. 이에 따라 '바로 그 작년 수준으로'로 해석한다.

At night in the street,	people	screamed	in agony.
바로 밤에 바로 길가에서,	사람들이	비명을 지른 것은	바로 혼돈스러운 상태로 였다.

❶ at는 전치사이기에 '바로'로 해석하고 night는 명사이기에 '밤에'라고 해석한다.

❷ in은 전치사이기에 '바로'로 해석하고 'the street'는 명사이기에 '길가에서'라고 해석한다.

❸ people은 '사람들이'로 해석한다.

❹ 서술어 screamed는 scream의 과거형으로 '소리지른 것은'으로 해석한다.

❺ 구체적으로 어떻게 소리 질렀는지를 서술하는 in agony는 '바로 혼돈스러운 상태로'로 해석한다.

DAY 07

영상 보기

Students	must	be aware
학생들이	반드시	인식해야 하는 것은
that	**language competency**	**is important.**
그것은	언어 능력	은 중요하다는 것이다.

❶ students must be aware는 '학생들이 반드시 인식해야 하는 것은'으로 해석한다.

❷ 접속사 that은 '그것은'이라고 해석한다. 앞부분과 연결해보면, '학생들이 반드시 인식해야 하는 것이 무엇인지 구체적으로 얘기하자면 그것은!'이라는 의미다.

❸ language competency is important는 '언어 능력은 중요하다'로 해석한다.

❹ '그것은 언어 능력은 중요하다는 것이다'로 해석한다.

However,	people	don't realize	that
그러나,	사람들이	절대 알아차리지 못하는 것은	그것은
they	**must**	**know**	**the right method.**
그들이	반드시	알아야 하는 것은	올바른 방법이라는 것이다.

❶ 접속사 However는 앞 문장과의 관계를 나타내며 '그러나'로 해석한다.

❷ people don't realize는 '사람들이 절대 알아차리지 못하는 것은'으로 해석한다.

❸ 접속사 'that'은 '그것은'으로 해석한다. 앞부분과 연결해보면, 이는 '사람들이 절대 알아차리지 못하는 것'이 무엇인지를 구체적으로 서술해주는 역할을 한다.

❹ they must know the right method는 '그들이 반드시 알아야 하는 것은 그 올바른 방법인 것이다'로 해석한다.

So far,	teachers	have been telling	students
여태껏	선생님들이	말해온 것은	학생들에게인데

that	English	is never conquerable.
그것은	영어는	절대 정복할 수 없다는 것이다.

❶ so far와 같은 것을 '접속부사'라고 부른다. 앞 문장과의 논리를 나타내기에 '접속사' 역할을 하면서 문장 필수 성분이 아니기에 '부사'라고도 부르는 것이다. so far는 '여태껏'으로 해석한다.

❷ teachers have been telling students는 '선생님들이 말해온 것은 학생들에게' 정도로 해석하고 아직 문장이 끝나지 않았으니 '~인데'를 붙인다.

❸ that은 선생님이 말한 것이 학생들에게 구체적으로 무엇인지를 알려주는 역할을 하여 '그것은'으로 해석한다.

❹ English is never conquerable은 '영어는 절대 정복 불가능하다는 것이다'로 마무리한다.

Even	the books	were written
심지어	책들도	쓰였는데

that	language acquisition	is impossible.
그건(그 내용은)	언어 습득은	불가능하다는 것이다.

❶ Even the books were written은 '심지어 그 책들도 쓰였다'라는 말이며 아직 문장이 끝나지 않았기에 '쓰였는데' 정도로 해석한다.

❷ 접속사 that은 '그것은'으로 구체화한다. 습관적으로 앞에 언급된 무엇을 구체화하는지 생각해줘야 한다. 앞서 '책이 쓰였다'고 했으니 '무어라고 쓰인 것인지'를 구체화하는 역할을 that이 한다고 볼 수 있다.

❸ language acquisition is impossible은 '언어 습득은 불가능하다'로 해석하여 '-라는 것이다'로 마무리 짓는다.

We	must	now	admit
우리가	반드시	이제	인정해야하는 것은

that	English	is adoptable skill.
그것은	영어는	채택 가능한 능력이라는 것이다.

❶ we must now admit은 '우리가 반드시 이제 인정해야 하는 것은'으로 해석한다.

❷ 접속사 that은 '무엇을 인정해야 하는지'를 구체화한다고 할 수 있기에 '그것은'으로 해석한다.

❸ English is adoptable skill은 '영어는 채택 가능한 능력이라는 것이다'로 마무리 짓는다.

DAY 08

영상 보기

Men	don't easily	realize
남자들이	절대 쉽게	알아차리지 못하는 것은
what	**women**	**want.**
무엇이	여성들이	원하는 것인지 이다.

❶ men don't easily realize는 '남자들이 절대 쉽게 알아차리지 못하는 것은'으로 해석한다.
❷ 접속사 what은 '무엇이 ~인지'로 해석한다.
❸ women want는 '여성이 원한다'이기에 접속사 what women want는 '무엇이 어성이 원하는 것인지'로 해석한다.
❹ 결론적으로 '남자들이 쉽게 알아차리지 못하는 건 = 뭘 여자가 원하는지' 정도로 이해할 수 있다.

Women	are neither	so knowledgeable	on
여성들도	마찬가지로	매우 잘 알지 못하는 것은	바로
what	**men**	**want.**	
무엇이	남성들이	원하는 것인지에 대해 이다.	

❶ women are neither so knowledgeable은 '여성들도 마찬가지로 매우 잘 알지 못하는 것은' 정도로 이해한다. either는 '마찬가지로'라고 해석하나, neither는 not과 either를 합친 것이기에 '마찬가지로 + 부정어구'로 해석한다.
❷ 전치사 on은 구체적으로 무엇을 잘 알지 못하는지를 알려주기에 '바로'로 해석한다.
❸ 접속사 what은 '무엇이 ~인지'로 해석하기에 '무엇이'로 시작한다.
❹ men want는 '남자가 원하는 것'이기에 'what men want' 덩어리는 '무엇이 남자가 원하는 것인지'로 해석한다.

Couples	must	figure out
커플들이	반드시	발견해내야 하는 것은
what	**they**	**are missing.**
무엇이	그들이	놓치고 있는 것인지 이다.

❶ couples must figure out은 '커플들이 반드시 발견해내야 하는 것은'으로 해석한다.
❷ what은 '무엇이 ~한지'로 해석하는 접속사다.
❸ they are missing은 '그들이 놓치고 있다'로 해석한다.
❹ 2와 3을 합치면 '무엇이 그들이 놓치고 있는 것인지'로 해석한다.

Usually,	most couples	fail to
주로,	대부분의 커플들이	실패하는 건
find out	**what**	**the problem is.**
그건 바로 발견하는 것이	무엇이	문제인지 이다.

❶ 부사 usually는 '주로'라고 해석한다.
❷ most couples fail to find out은 '대부분의 커플이 실패하는 것은 발견해내는 것이다'의
   의미를 가지기에, '실패하는 건 발견해내는 것인데 그것은' 정도로 연결을 준비한다. 이때
   failt to find out 자체를 '서술어 덩어리'로 이해하는 것이 편하다.
❸ what the problem is는 '무엇이 문제인지'로 해석한다.

Passengers	wondered	what	the cause was.
승객들이	궁금해한 것은	무엇이	원인이었는지 였다.

❶ passengers wondered는 '승객들이 궁금해한 것은'으로 해석한다.
❷ 접속사 what은 '무엇이 ~인지'로 해석한다.
   * 접속사 what의 특징은 무언가에 대해 '궁금한 서술'을 하게 한다는 것이다. 이에 따라
   서술어도 'wonder'과 같이 '궁금해하다'와 같은 의미를 가진 서술어가 나와야 what이라
   는 접속사를 사용하게 된다.
❸ what the cause was 는 '무엇이 원인이었는지'로 해석한다.

DAY 09

Students	asked	how
학생들이	물어본 것은	어떻게
professors	**figured out**	**the cause.**
교수들이	알아낸 것이	그 원인이었는지 였다.

❶ [주어+서술어]인 students asked는 '학생들이 물어봤던 것은'으로 해석한다.

❷ how라는 접속사는 '어떻게 ~인지'로 해석한다.

❸ [주어+서술어+목적어]인 professors figured out the cause는 '교수들이 알아낸 것은 그 원인이다'인데 접속사 how와 주어와 서술어가 합쳐 '어떻게 주어가 서술어 한 것인지'로 해석한다. 이에 따라 '어떻게 교수들이 알아낸 것이 그 원인이었는지'로 해석한다.

Researchers	must	have investigated
연구자들이	반드시	당시에 분석했어야 하는 것은
where	**the problem**	**started.**
어디에서	문제가	시작했는지 였다.

❶ researchers must have investigated는 '연구자들이 반드시 당시에 분석했어야 하는 것은'으로 해석한다. 특히 have Ved의 형태는 '현재분사'라고 부르는 형태인데, 이는 '당시에 V한 것은' 정도로 해석한다.

❷ 접속사 where은 '어디에서 ~인지'로 해석한다.

❸ the problem started는 '그 문제가 시작했다'로 해석하기에, where the problem started는 '어디에서 그 문제가 시작했는지'로 해석한다.

182

The book	could explain	when
책이	충분히 설명할 수 있었던 것은	언제

human beings	evolved.	
인간들이	진화했는지 였다.	

❶ the book could explain은 '그 책이 충분히 설명할 수 있었던 것은'으로 해석한다. 조동사 could는 '충분히'로 해석하고 서술어를 해석한 후 '~할 수 있는 것은'으로 해석한다.

❷ 접속사 when은 '언제 ~인지'로 해석한다.

❸ human beings evolved는 '인간들이 진화했다'로 해석하기 때문에 when human beings evolved는 '언제 인간이 진화했는지'로 해석한다.

Science	focuses	on
과학이	집중하는 것은	바로

how	the world	started.
어떻게	세상이	시작했는지이다.

❶ science focuses는 '과학이 집중하는 것은'으로 해석한다.

❷ 구체화하는 on이라는 전치사는 '바로'로 해석한다.

  * focus는 동사이고, on은 전치사이며 focus와 on이 합쳐져서 '서술어 덩어리'가 만들어진다고 본다. 각각의 역할은 동사와 전치사이지만, 이 둘이 합쳐서 앞뒤를 연결하는 서술어가 되는 것이다.

❸ 접속사 how는 '어떻게 ~인지'로 해석한다.

❹ the world started는 '세상이 시작했다'로 해석한다. 따라서 how the world started는 '어떻게 세상이 시작했는지'로 해석한다.

Religion	focuses	on
종교가	집중하는 것은	바로

why	we	live.
왜	우리가	살아가는지이다.

❶ religion focuses on은 '종교가 집중하는 것은 바로'로 해석한다.

❷ 접속사 why는 '왜 ~인지'로 해석한다.

❸ we live는 '우리가 살아간다'이기에 why we live는 '왜 우리가 살아가는지'로 해석한다.

DAY 10

영상 보기

The manager	of the store	wondered
매니저	바로 가게 매니저가	궁금했던 것은
if	**they**	**were engaged.**
혹시	그들이	결혼할 사이인지였다.

❶ the manager of the store wondered는 '매니저 바로 가게 매니저가 궁금했던 것은'으로 해석힌다.

❷ 접속사 if는 '혹시 ~인지'로 해석한다.

　* 보다시피 wonder와 같은 '궁금하다'라는 의미가 나오는 경우에 접속사 if가 뒤에 붙는 게 자연스럽다는 것을 알 수 있다.

❸ they were engaged는 '그들이 결혼할 사이다'로 해석하기에 if they were engaged를 '혹시 그들이 결혼할 사이인지'로 해석한다.

The woman	wanted to know	if
여자가	알고 싶었던 것은	혹시
her looks	**attracted**	**the man.**
그녀의 외모가	끌어당기는 것이	그 남자였는지 였다.

❶ the woman wanted to know는 '그 여자가 알고 싶었던 것은'으로 해석한다(이제는 want to know를 하나의 서술어 덩어리로 이해하여 '알고 싶은 것은'으로 이해한다).

❷ 접속사 if는 '혹시 ~인지'로 해석한다.

❸ her looks attracted the man은 '그녀의 모습이 끌어당긴 것이 그 남자다'이기에 if her looks attracted the man은 '그녀의 모습이 끌어당긴 것이 그 남자였는지'로 해석한다.

The leader	asked	whether
리더가	물어봤던 것은	혹시
the followers failed	**or not**	**on the mission.**
추종자들이 실패했는지	안 했는지 인데	그건 바로 그 미션에 대해서 이다.

❶ the leader asked는 '그 리더가 물어봤던 것은'으로 해석한다.

❷ 접속사 whether는 '혹시 ~인지 아닌지'로 해석한다. whether은 if처럼 '혹시'와 같은 의미를 가지고 있다. 차이점은 if는 '~인지'로 끝난다면 whether은 whether A or B의 구조를 가지게 되어 '혹시 A인지 B인지'로 해석한다는 점이다.

❸ the followers failed or not는 '그 추종자들이 실패했거나 실패하지 않았다'인데 접속사 whether이 앞에 붙어 '혹시 그 추종자들이 실패했는지 안 했는지'로 해석한다.

❹ [전치사+명사]의 형태인 on the mission을 통해 '바로 그 미션에 대해서'로 마무리 짓는다.

The wife	of the followers	wanted to know	
아내	바로 추종자의 아내가	알고 싶었던 것은	
whether	**her husband**	**was alive**	**or not.**
혹시	그녀의 남편이	살았는지	죽었는지 였다.

❶ the wife of the follower wanted to know는 '아내 바로 그 추종자의 아내가 알고 싶었던 것은'으로 해석한다.

❷ 접속사 whether은 '혹시 ~인지 아닌지'로 해석한다.

❸ her husband was alive or not은 '그녀의 남편은 살아 있거나 죽었다'로 해석한다. whether과 함께 묶어서 해석하면 '혹시 그녀의 남편이 살았는지 죽었는지'로 해석한다.

The awakened man	was curious	whether	his wife
깨어난 남성이	궁금했던 것은	혹시	그의 아내가

knew	or not	about his state.
알거나	혹은 몰랐는지 였다	바로 그의 상태에 대해서.

❶ the awakened man was curious는 '깨어난 남성이 궁금했던 것은'으로 해석한다.

❷ 접속사 whether는 '혹시 ~인지 아닌지'로 해석한다.

❸ his wife knew or not는 '그의 아내가 알거나 혹은 몰랐다'로 해석한다. 다만 앞에 whether과 함께 묶어서 '혹시 그의 아내가 알거나 혹은 몰랐는지'로 해석한다.

❹ about his state는 전치사 about을 통해 구체적으로 무언가에 대해서 '알거나 몰랐는지'를 진술한다. 따라서 '바로 그의 상태에 대해서'로 마무리 짓는다.

DAY 11

People	hate	phenomenon
사람들이	싫어하는 것은	현상인데
that	**deviates**	**from expectations.**
그건	벗어나는 것이	예상들로부터인 현상이다.

❶ people hate phenomenon은 '사람들이 싫어하는 것은 현상인데'로 해석한다.

❷ 앞서 언급한 명사에 대해서 구체화하는 접속사 that은 '그것은'으로 해석한다. 여기에서는 'phenomenon'이 명사이기 때문에 이 '현상'이 어떤 현상인지를 구체화해주는 역할을 한다.

❸ [서술어+목적어]인 deviates from expectations는 '벗어나는 것이 바로 예상으로부터이다'로 해석한다.

❹ 이 문장은 접속사 뒤에 주어가 없다. deviate from이라는 서술어가 나오고 주어는 생략된 상태다. 주어는 어디로 간 것일까? 이 주어가 관계대명사 that에 포함돼 있다고 생각해야 한다. 따라서 이 관계대명사는 '주어' 역할도 하면서 '접속사' 역할도 하기 때문에 '주어와 격이 같은 관계대명사'라고 부른다. 이에 따라 '주격 관계대명사'라고 줄여 부른다.

❺ 결론적으로 phenomenon(현상)은 어떤 현상이냐면 '그것은 벗어나는 것이 예상들로부터인 현상'이 되는 것이다. '예상으로부터 벗어난 현상'이라는 의미이다.

Laypoeple	must	be cautious	about
비전문가들이	반드시	경계해야 하는 것은	바로
the conclusions	**that**	**seem difficult.**	
결론에 대해서인데	그건	겉으로 보기엔 어려워 보이는 결론이다.	

❶ Laypeople must be cautious about the conclusions는 '비전문가들이 반드시 경계해야 하는 것은 결론에 대해서 인데'로 해석한다.

❷ 앞서 언급한 명사에 대해서 구체화하는 접속사 that은 '그것은'으로 해석한다. 여기에서는 'the conclusion'이라는 '결론'에 대해 구체화하는 역할을 한다.

❸ 앞서 언급한 결론이 어떤 결론인지를 구체적으로 서술하는 부분으로 '겉으로 보기에는 어려워 보인다'로 해석한다.

❹ [that+서술어+보어]는 '그건 겉으로 보기엔 어려워 보이는 결론이다'라고 해석한다.

People	were surprised	at	the result
사람들이	놀랐던 것은	바로	결과에 인데

that	the economists	predicted.
그건	경제학자들이	예측했던 결과였다.

❶ people were surprised at the result는 '사람들이 놀랐던 것은 바로 그 결과에 대해서인데'로 해석한다.

❷ 앞서 언급한 명사에 대해서 구체화하는 접속사 that은 '그것은'으로 해석한다. 이 경우 'the result'를 구체적으로 서술하는 역할을 한다.

❸ the economists predicted 부분은 앞서 언급한 그 결과(the result)가 '경제학자들이 예측했던 결과'임을 서술한다.

Efforts	determine	our future
노력이	결정하는 것은	우리의 미래인데,

that	we ourselves	make.
그건	우리가 스스로	만들어내는 미래다.

❶ efforts determine our future는 '노력들이 결정하는 건 우리의 미래인데'로 해석한다.

❷ 앞서 언급한 명사에 대해서 구체화하는 접속사 that은 '그것은'으로 해석한다. 앞서 언급한 'our future'를 구체적으로 서술하는 역할을 한다.

❸ we ourselves make는 our future을 구체적으로 서술한다. our future that we ourselves make는 '우리의 미래 그건 우리 스스로가 만드는 우리의 미래' 정도로 이해한다.

The world	is full	of	people
세계가	가득 찬 것은	바로	사람들로인데

that	have constructed	their own lives.
그것은	구성한 것이	그들 스스로의 삶인 사람들이다

❶ the world is full of people은 '그 세계가 가득 찬 것은 바로 사람들로인데'로 해석한다.

❷ 앞서 언급한 명사에 대해서 구체화하는 접속사 that은 '그것은'으로 해석한다. 여기에서는 people을 구체적으로 서술하는 역할을 한다.

❸ have constructed their own lives는 '구성한 것은 그들 스스로의 삶이다'로 해석한다.

❹ 앞서 언급한 people 사람들이 어떤 사람인지 서술하는 부분으로 '그것은 구성한 것이 그들 스스로의 삶인 사람들'로 해석한다.

DAY 12

영상 보기

We	were adapted	to
우리가	적응했던 것은	바로
the language understanding	**which**	**was very abnormal.**
언어 이해 방식에 였는데	그건	매우 비정상적인 방식이다.

❶ we were adapted to the language understanding은 '우리가 적응했던 것은 바로 그 언어 이해이다'로 해석한다. 수동태에서 끊으면 안 된다. 수동태도 '서술어 덩어리'이다.

❷ which는 '연결'하면서 동시에 앞에 있는 것을 '가리키는 역할'을 한다.

❸ was very abnormal은 '그것은 매우 비정상적이다'라고 해석한다.

❹ which was very abnormal은 따라서 '그것은 매우 비정상적인 방식이다'로 해석한다.

Sometimes	people	believe	in
때때로	사람들이	믿는 것은	바로
perspectives	**which**	**is not helpful.**	
관점인데	그건	절대 도움이 되지 않는 관점이다.	

❶ sometimes는 부사로 '때때로'로 해석한다.

❷ people believe in perspectives는 '사람들이 믿는 것은 바로 관점인데'로 해석한다.

❸ which는 '연결'하면서 동시에 앞에 있는 것을 '가리키는 역할'을 한다. 바로 앞 명사인 perspectives를 구체적으로 서술하여 '그것은'으로 해석한다.

❹ is not helpful은 '그것은 절대 도움이 되지 않는다'로 해석한다.

❺ which is not helpful은 '그것은 절대 도움이 되지 않는 관점이다'로 해석한다.

Lovers	have	trust	on
사랑하는 사람들이	갖는 것은	신뢰	바로
each other	**which**	**constructs love.**	
서로에 대한 신뢰인데	그것은	구성하는 것이 사랑인 신뢰이다.	

❶ lovers have trust는 '사랑하는 사람들이 갖는 것은 신뢰인데'로 해석한다.

❷ which는 '연결'하면서 동시에 앞에 있는 것을 '가리키는 역할'을 한다. 앞서 언급한 'trust on each other'를 가리키며 구체적으로 서술할 준비를 한다.

❸ constructs love는 '구성하는 것은 사랑이다'로 해석한다.

❹ which constructs love는 '그것이 구성하는 건 사랑인 신뢰다'로 해석한다.

Love	can do things	which
사랑이	충분히 할 수 있는 것은 일들인데	그것은
any other thing	**can never do.**	
어느 다른 것도	충분히 절대 할 수 없는 것들이다.	

❶ love can do things는 '사랑이 충분히 할 수 있는 것은 일들인데'로 해석한다.

❷ which는 '연결'하면서 동시에 앞에 있는 것을 '가리키는 역할'을 한다. 따라서 앞서 언급된 things를 가리키면서 구체적으로 서술할 준비를 한다.

❸ any other thing can never do는 '어느 다른 것도 충분히 절대 할 수 없는 것들이다'로 해석한다.

* 조동사 can은 '충분히'로, 부정어구 never은 '절대'로 해석한다.

❹ which any other thing can never do는 '그것은 어느 다른 것도 충분히 절대 할 수 없는 것들이다'로 해석한다

We	must	have	hope
우리가	반드시	가져야 하는 것은	희망인데
which	**only the brave ones**	**can have.**	
그건	오직 용기 있는 자만이	충분히 가질 수 있는 희망이다.	

❶ we must have hope는 '우리가 반드시 가져야 하는 것은 희망인데'로 해석한다.

❷ which는 '연결'하면서 동시에 앞에 있는 것을 '가리키는 역할'을 한다. 따라서 앞서 언급한 hope를 구체적으로 서술할 준비를 하며 '그것은'으로 해석한다.

❸ only the brave ones can have는 '오직 용기 있는 자만이 충분히 가질 수 있다'로 해석한다.

❹ which only the brave ones can have는 '그것은 오직 용기 있는 자만이 가질 수 있는 희망이다'로 해석한다.

DAY 13

영상 보기

The whistle	was blown	by
그 호루라기가	불린 것은	바로
the referee	**who**	**got really angry.**
그 심판에 의해서였는데	그는	매우 화가 난 심판이었다.

❶ the whistle was blown by the referee는 '그 호루라기가 불린 것은 바로 그 심판에 의해서였는데'로 해석한다.

❷ 접속사(관계대명사) who는 연결 역할을 하는 w와 지칭하는 he가 합쳐진 말로 whe가 who로 변형된 것이다. 따라서 문장을 '연결'하면서 동시에 앞서 언급된 사람인 명사를 '대신'하는 역할을 한다. 따라서 앞서 언급된 명사를 '그는'으로 가리킨다.

❸ got really angry는 '~는 매우 화가 났다'로 해석한다.

❹ who got really angry는 '그는 매우 화가 난 심판이었다'로 해석한다.

The audience	were surprised	by
그 관중이	놀랐던 것은	바로
the goal keeper	**who**	**saved 5 goals.**
골키퍼로부터였는데	그는	막은 것이 5골인 골키퍼이다.

❶ the audience were astonished by the goal keeper는 '그 관중이 놀랐던 것은 바로 골키퍼로부터였는데'로 해석한다.

❷ 앞서 언급된 명사를 '그는'으로 해석한다.

❸ saved 5 goals는 '막은 것은 5골이었다'로 해석한다.

❹ who saved 5 goals는 '그는 막은 것이 5골인 골키퍼이다'로 해석한다.

The goal keeper	was taught	by
그 골키퍼가	가르쳐졌던 것은	바로

the master	who	was legend.
그 마스터에 의해서였는데	그는	하나의 전설이었던 마스터였다.

❶ the goal keeper was taught by the master는 '그 골키퍼가 가르쳐졌던 것은 바로 그 마스터에 의해서였는데'로 해석한다.

❷ 앞서 언급된 명사를 '그는'으로 해석한다.

❸ was a legend는 '~는 전설이다'로 해석한다.

❹ who was a legend는 따라서 '그는 하나의 전설이었던 마스터였다'로 해석한다.

The legendary player	was shot	by	a man
그 전설적인 선수가	총에 맞은 것은	바로	하나의 남자에 의해서였는데

who	did not like	the game.	
그는	절대 좋아하지 않았던 것이	그 경기인 남자였다.	

❶ the legendary player was shot by a man은 '그 전설적인 선수가 총에 맞은 것은 바로 하나의 남자에 의해서였는데'로 해석한다.

❷ 앞서 언급된 명사를 '그는'으로 해석한다.

❸ did not like the game은 '~가 절대 좋아하지 않았던 것은 게임이다'로 해석한다.

❹ who did not like the game은 따라서 '그는 절대 좋아하지 않았던 것이 그 경기인 남자'로 해석한다.

The poor man	was grown	by	a father
그 가여운 남자가	길러진 것은	바로	하나에 아버지에 의해서였는데

who	hated	his fatherland.
그는	싫어했던 것이	그의 조국인 아버지였다.

❶ the poor man was grown by a father 은 '그 가여운 남자가 길러진 것은 바로 하나의 아버지에 의해서 였는데'로 해석한다.

❷ 앞서 언급된 명사를 '그는'으로 해석한다.

❸ hated his fatherland는 '~가 싫어했던 것은 그의 조국이었다'로 해석한다.

❹ who hated his fatherland는 '그는 싫어했던 것이 그의 조국인 아버지'로 해석한다.

DAY 14

영상 보기

Kids	must	know	the place
아이들이	반드시	알아야 하는 것은	그 장소인데
in which	**they**	**can hang out**	**safely.**
바로 그곳은	그들이	충분히 어울릴 수 있는 것이	안전하게 인 장소다.

❶ kids must know the place는 '아이들이 반드시 알아야 하는 것은 그 장소인데'로 해석한다.

❷ 바로 앞에 있는 것을 구체화한다고 생각하고 앞에 있는 것이 장소이면 '바로 그곳'으로, 사물이면 '바로 그것' 정도로 해석한다. 이 경우에는 'the place'를 구체화하기 때문에 '바로 그곳'으로 해석한다.

❸ they can hang out safely는 '그들이 충분히 어울릴 수 있는 것은 안전하게 이다'로 해석한다.

❹ in which they can hang out safely는 따라서 '바로 그곳은 그들이 충분히 어울릴 수 있는 것이 안전하게 인 장소다'로 해석한다.

The most safe place	in which	a child
그 가장 안전한 장소	그곳은	하나의 아이가
can play	**is his own home.**	
충분히 놀 수 있는 장소인데	그것은 그의 스스로의 집이다.	

❶ 이 문장의 주어는 the most safe place이다.

❷ 바로 앞에 있는 것을 구체화한다고 생각하고 앞에 있는 것이 장소이면 '바로 그곳'으로, 사물이면 '바로 그것' 정도로 해석한다. 이 문장의 경우 주어까지만 서술하고 관계부사가 나왔으니 바로 앞의 the most safe place를 구체화한다고 생각해야 한다. 해석은 동일하게 '그곳은'이다.

❸ a child can play '아이가 충분히 놀 수 있다'로 해석한다.

❹ 따라서 in which a child can play는 '그곳은 하나의 아이가 충분히 놀 수 있는 장소인데'로 해석한다.

❺ 1에서 서술한 [주어]에 대한 [서술어+보어]가 나오지 않았음으로, 그것을 마지막에 회수하여 is his own home은 '~는 그의 스스로의 집이다'로 해석한다.

Mothers	must	take	kids	to
어머니들이	반드시	데려가야 하는 건	아이들인데	그건 바로
the market	**from which**	**they**	**buy**	**groceries.**
시장으로인데	바로 그곳은	그들이	사는 것이	식료품인 시장이다.

❶ mothers must take kids to the market은 '어머니들이 반드시 데려가야 하는 것은 아이들인데 그건 바로 시장으로인데'로 해석한다.

❷ 바로 앞에 있는 것을 구체화한다고 생각하고 앞에 있는 것이 장소이면 '바로 그곳'으로, 사물이면 '바로 그것' 정도로 해석한다. in which가 아닌 from which이지만, 마찬가지로 [전치사+관계사]의 형태다. 여기서는 'the market'이 장소이므로 '그곳은'으로 해석한다.

❸ they buy groceries는 '그들이 사는 것은 식료품이다'로 해석한다.

❹ from which they buy groceries는 '그곳은 그들이 사는 것이 식료품인 시장이다'로 해석한다.

The owner	of the shop	liked
그 주인	바로 그 가게 주인이	좋아했던 것은
the manager	**from whom**	**he learned a lot.**
매니저였는데	바로 그는	그가 배운 것이 많은 매니저였다.

❶ the owner of the shop liked the manager는 '그 주인 바로 그 가게 주인이 좋아했던 것은 매니저인데'로 해석한다.

❷ 바로 앞에 있는 것을 구체화한다고 생각하고 앞에 있는 것이 장소이면 '바로 그곳'으로, 사물이면 '바로 그것' 정도로 해석한다. 여기에서는 the manager이 바로 앞 명사이기에 '바로 그는'으로 해석한다.

❸ he learned a lot은 '그가 배운 것은 많다'로 해석한다.

❹ 따라서 from which he learned a lot은 '그는 그가 배운 것이 많은 매니저다'로 해석한다.

The manager	found	the book	from which
그 매니저가	발견했던 것은	그 책이었는데	바로 그것은

he	took	many advices.
그가	얻었던 것이	많은 조언이었던 책이다.

❶ the manager found the book은 '그 매니저가 발견했던 것은 그 책이었는데'로 해석한다.

❷ 바로 앞에 있는 것을 구체화한다고 생각하고 앞에 있는 것이 장소이면 '바로 그곳'으로, 사물이면 '바로 그것' 정도로 해석한다. 여기에서는 'the book'을 가리키기에 '바로 그것은'으로 해석한다.

❸ he took many advices는 '그가 얻은 것은 많은 조언이다'로 해석한다.

❹ 따라서 from which he took many advices는 '그건 그가 얻었던 것이 많은 조언이었던 책이다'로 해석한다.

The architect	designed	the house
그 건축가가	디자인했던 것은	그 집이었는데
where	**the professor**	**lived.**
그곳은	그 교수가	살았던 집이었다.

❶ the architect designed the house는 '그 건축가가 디자인했던 것은 그 집인데'로 해석한다.

❷ 관계부사는 관계사이기 때문에 앞에 있는 명사에 대해 구체화한다. where은 앞뒤를 연결하는 w와 앞에 있는 것을 가리키는 there이 합쳐서 만들어진 것이기에 '~인데 그곳은' 으로 해석한다.

❸ the professor lived는 '그 교수가 살았었다'로 해석한다.

❹ where the professor lived는 따라서 '그곳은 그 교수가 살았었던 집이다'로 해석한다.

50 years ago,	the master	learned	architecture	at
50년 전,	그 마스터가	배웠던 것은	건축이었는데	그건 바로
the college	**where**	**he**	**met**	**his wife.**
그 대학에서 였는데	그곳은	그가	만난 것이	그의 아내인 대학이었다.

❶ 50 years ago는 시간을 의미하는 부사로 '50년 전'으로 해석한다.

❷ the master learned architecture at the college는 '그 마스터가 배웠던 것은 건축이었는데 그건 바로 그 대학에서였는데'로 해석한다.

❸ 관계부사는 관계사이기 때문에 앞에 있는 명사에 대해 구체화한다. where은 앞뒤를 연결하는 w와 앞에 있는 것을 가리키는 there이 합쳐져 만들어진 것이기에 '~인데 그곳은' 으로 해석한다.

❹ he met his wife는 '그가 만난 것은 그의 아내다'로 해석한다.

❺ 따라서 where he met his wife는 '그곳은 그가 만났던 것이 그의 와이프인 대학이었다' 로 해석한다.

The woman	sometimes	visits	the park
그 여성이	때때로	방문했던 것은	그 공원이었는데
where	**she**	**used to date**	**her husband.**
그곳은	그녀가	종종 데이트하던 것이	그녀의 남편이었던 공원이다.

❶ the woman sometimes visits the park는 '그 여성이 때때로 방문했던 것은 그 공원이었는데'로 해석한다.

❷ 관계부사는 관계사이기 때문에 앞에 있는 명사에 대해 구체화한다. where은 앞뒤를 연결하는 w와 앞에 있는 것을 가리키는 there이 합쳐져 만들어진 것이기에 '~인데 그곳은'으로 해석한다.

❸ she used to date her husband는 '그녀가 종종 데이트하던 것은 그녀의 남편이었다'로 해석한다.

❹ 따라서 where she used to date her husband는 '그곳은 그녀가 종종 데이트하던 것이 그녀의 남편이었던 공원이다'로 해석한다.

The restaurant	where	they	used to sing
그 레스토랑	그곳은	그들이	종종 노래하곤 했던 레스토랑이었는데
was the place	**where**	**the propose**	**was held.**
그 장소였는데	그곳은	그 프러포즈가	이루어진 장소였다.

❶ the restaurant가 주어다.

❷ 관계부사는 관계사이기 때문에 앞에 있는 명사에 대해 구체화한다. where은 앞뒤를 연결하는 w와 앞에 있는 것을 가리키는 there이 합쳐져 만들어진 것이기에 '~인데 그곳은'으로 해석한다.

❸ they used to sing은 '그들이 종종 노래했다'로 해석한다.

❹ 따라서 where they used to sing은 '그곳은 그들이 종종 노래하곤 했던 레스토랑인데'로 해석한다.

❺ was the place의 주어는 1번에서 설명한 주어, the restaurant이기 때문에 '~는 그 장소였는데'로 해석한다.

❻ where이 다시 사용되어 '그곳은'으로 해석한다.

❼ the propose was held는 '그 프러포즈가 이루어졌다'라고 해석한다.

❽ where the propose was held는 '그곳은 그 프러포즈가 이루어졌던 장소였다'로 해석한다.

Usually,	people	reserved	the room
주로,	사람들이	예약했던 것은	그 방이었는데

where	the famous architect	had proposed.
그곳은	그 유명한 건축가가	당시에 프러포즈 했던 곳이었다.

❶ usually는 부사로 '주로'로 해석한다.

❷ people reserved the room은 '사람들이 예약했던 것은 그 방이었는데'로 해석한다.

❸ 관계부사는 관계사이기 때문에 앞에 있는 명사에 대해 구체화한다. where은 앞뒤를 연결하는 w와 앞에 있는 것을 가리키는 there이 합쳐져 만들어진 것이기에 '~인데 그곳은'으로 해석한다.

❹ the famous architect had proposed는 '그 유명한 건축가가 당시에 프러포즈했다'로 해석한다.

❺ where the famous architect had proposed는 '그곳은 그 유명한 건축가가 당시에 프러포즈했던 곳이었다'로 해석한다.

DAY 16

영상 보기

People	marched on	to the city hall	at night
사람들이	나아갔던 것은	시청으로였는데	바로 밤에 였는데

when	the mayor	showed up.
그때는	그 시장이	모습을 드러냈던 밤이었다.

❶ people marched on to the city hall은 '사람들이 나아갔던 것은 시청으로였는데'로 해석한다. at night로 언제 그랬는지 구체화하기 때문에 '바로 밤에 였는데'로 해석한다.

❷ 관계부사는 관계사이기 때문에 앞에 있는 명사에 대해 구체화한다. where은 앞뒤를 연결하는 w와 앞에 있는 것을 가리키는 then이 합쳐져 만들어진 것이기에 '~인데 그때는'으로 해석한다. 이 경우 앞에 있는 'night'를 가리킨다.

❸ the mayor showed up은 '그 시장이 모습을 드러냈다'로 해석한다.

❹ when the mayor showed up은 따라서 '그때는 그 시장이 모습을 드러냈던 밤이었다'로 해석한다.

A meeting	was held	in the morning	when
하나의 미팅이	이루어졌던 것은	바로 그 아침에 였는데	그때는

the mayor	called	the police.
그 시장이	불렀던 것이	경찰이었던 아침이었다.

❶ a meeting was held in the morning은 '하나의 미팅이 이루어졌던 것은 바로 그 아침에 였는데'로 해석한다.

❷ 관계부사는 관계사이기 때문에 앞에 있는 명사에 대해 구체화한다. when은 앞뒤를 연결하는 w와 앞에 있는 것을 가리키는 then이 합쳐서 만들어진 것이기에 '~인데 그때는'으로 해석한다. 이 경우 'the morning'을 가리킨다.

❸ the mayor called the police는 '그 시장이 불렀던 것은 경찰이었다'로 해석한다.

❹ when the mayor called the police는 '그때는 그 시장이 불렀던 것이 경찰이었던 아침이었다'로 해석한다.

The chief officer	complained	about	the meeting
그 경찰서장이	불평했던 것은	바로	그 미팅에 대해서였는데
when	**the final strategy**	**was decided.**	
그때는	그 마지막 전략이	결정됐던 미팅이었다.	

❶ the chief officer complained about the meeting은 '그 경찰서장이 불평했던 것은 바로 그 미팅에 대해서였는데'로 해석한다.

❷ 관계부사는 관계사이기 때문에 앞에 있는 명사에 대해 구체화한다. when은 앞뒤를 연결하는 w와 앞에 있는 것을 가리키는 then이 합쳐져 만들어진 것이기에 '~인데 그때는'으로 해석한다. 이 경우에는 'the meeting'을 가리킨다.

❸ the final strategy was decided는 '그 마지막 전략이 결정됐다'로 해석한다.

❹ when the final strategy was decided는 따라서 '그때는 그 마지막 전략이 결정됐던 미팅이었다'로 해석한다.

They all	imagined	the future
그들이 모두	상상했던 것은	그 미래였는데
when	**all things**	**will be settled.**
그때는	모든 것들이	안정화된 미래이다.

❶ they all imagined the future는 '그들이 모두 상상했던 것은 그 미래였는데'로 해석한다.

❷ 관계부사는 관계사이기 때문에 앞에 있는 명사에 대해 구체화한다. when은 앞뒤를 연결하는 w와 앞에 있는 것을 가리키는 then이 합쳐져 만들어진 것이기에 '~인데 그때는'으로 해석한다. 이 경우 'the future'를 구체화한다.

❸ all things will be settled는 '모든 것들이 안정화됐다'로 해석한다.

❹ when all things will be settled는 '그때는 모든 것이 안정화된 미래이다'로 해석한다.

❺ 어떤 미래인지를 구체적으로 서술한다.

The time	when	everyone
그 시간	그때는	모두가
is happy	**will surely**	**come.**
행복한 시간인데	그것은 반드시 확실히	다가올 것이다.

❶ the time이 주어로 '그 시간'으로 해석한다.

❷ 관계부사는 관계사이기 때문에 앞에 있는 명사에 대해 구체화한다. when은 앞뒤를 연결하는 w와 앞에 있는 것을 가리키는 then이 합쳐져 만들어진 것이기에 '~인데 그때는'으로 해석한다. 이 경우 앞에 있는 the time을 구체화한다.

❸ everyone is happy는 '모두는 행복하다'로 해석한다.

❹ 따라서 when everyone is happy는 '그때는 모두가 행복한 시간인데'로 해석한다.

❺ 1의 주어에 대한 서술어 will surely come은 '그것은 반드시 확실히 다가올 것이다'로 해석한다.

DAY 17

The host	of	the program	was not glad
그 진행자	바로	그 프로그램의 진행자는	절대 만족하지 않아서

that	the program	was cancelled.
그것으로 인해서	그 프로그램은	취소되었다.

❶ the host of the program was not glad는 '그 진행자 바로 그 프로그램의 진행자는 절대 만족하지 않았다'로 해석한다.

❷ 부사절 접속사는 앞뒤 문장을 '논리적으로 연결'한다. 부사절 접속사 that은 기본적으로 '앞 문장으로 인해 어떤 사건이 발생하게 됐는지'의 의미를 갖게 되고 '그것으로 인해서' 와 같이 해석한다.

❸ the program was cancelled는 '그 프로그램은 취소되었다'로 해석한다.

❹ that the program was cancelled는 '그것으로 인해서 그 프로그램은 취소되었다'로 해석한다.

They	did not know	the current situation
그들이	절대 알지 못했던 것은	그 현재 상황에 대해서였는데

that	they	were panicked.
그것으로 인해서	그들은	패닉에 빠졌다.

❶ they did not know the current situation은 '그들이 절대 알지 못했던 것은 그 현재 상황에 대해서였는데'로 해석한다.

❷ 부사절 접속사는 앞뒤 문장을 '논리적으로 연결'한다. 부사절 접속사 that은 기본적으로 '앞 문장으로 인해 어떤 사건이 발생하게 됐는지'의 의미를 갖게 되고 '그것으로 인해서' 와 같이 해석한다.

❸ they were panicked는 '그들은 패닉에 빠졌다'로 해석한다.

❹ that they were panicked는 따라서 '그것으로 인해서 그들은 패닉에 빠졌다'로 해석한다.

People	did not know	what	was going to happen
사람들이	절대 알지 못했던 것은	무엇이	곧 발생할지였는데
that	**they**	**stopped**	**guessing.**
그것으로 인해서(그래서)	그들이	멈췄던 것은	예측하는 것이었다.

❶ people did not know what was going to happen는 '사람들이 절대 알지 못했던 것은 무엇이 곧 발생할지 였는데'로 해석한다. 이 문장의 목적어는 'what was going to happen' 덩어리다.

❷ 부사절 접속사는 앞뒤 문장을 '논리적으로 연결'한다. 부사절 접속사 that은 기본적으로 '앞 문장으로 인해 어떤 사건이 발생하게 됐는지'의 의미를 갖게 되고 '그것으로 인해서'와 같이 해석한다.

❸ they stopped guessing은 '그들이 멈췄던 것은 예측하는 것이다'로 해석한다.

❹ that they stopped guessing은 '그것으로 인해서 그들이 멈췄던 것은 예측하는 것이다'로 해석한다.

* 그것으로 인해서 : 이 말을 짧게 하면 '그래서'이다.

The prediction	is so hard	that
그 예측은	너무나도 어려워서	그것으로 인해서
people	**gave up**	**their guessing.**
사람들이	포기한 것은	그들의 추측이었다.

❶ the prediction is so hard는 '그 예측은 너무나도 어렵다'로 해석한다. 연결을 위해 '어려워서'로 마무리 짓는다.

❷ 부사절 접속사는 앞뒤 문장을 '논리적으로 연결'한다. 부사절 접속사 that은 기본적으로 '앞 문장으로 인해 어떤 사건이 발생하게 됐는지'의 의미를 갖게 되고 '그것으로 인해서'와 같이 해석한다.

❸ people gave up their guessing은 '사람들이 포기한 것은 그들의 추측이었다'로 해석한다.

❹ that people gave up their guessing은 '그것으로 인해서 사람들이 포기한 것은 그들의 추측이었다'로 해석한다.

* so+형용사+that SV 구문 : '너무 형용사 해서 SV하다'라고 해석된다고 보기도 한다. 다만 이러한 구문은 그 구문이 정확히 똑같이 나와줘야 적용 가능하기에, 외우지 않아도 이해할 수 있는 문장의 논리적 흐름을 파악해나가야 한다.

Even so,	we	must always	be ready
심지어 그렇다고 하더라도,	우리는	반드시 항상	준비돼야 한다.
that	**we**	**can take**	**the chance.**
그것으로 인해	우리가	충분히 취할 수 있는 것은	기회이다.

❶ 부사절 접속사 even so는 '심지어 그렇다고 하더라도'로 해석한다.

❷ we must always be ready는 '우리는 반드시 항상 준비가 돼있어야 한다'로 해석한다.

❸ 부사절 접속사는 앞뒤 문장을 '논리적으로 연결'한다. 부사절 접속사 that은 기본적으로 '앞 문장으로 인해 어떤 사건이 발생하게 됐는지'의 의미를 갖게 되고 '그것으로 인해서'와 같이 해석한다.

❹ we can take the chance는 '우리가 충분히 취할 수 있는 것은 기회이다'로 해석한다.

❺ that we can take the chance는 '그것으로 인해서 우리가 충분히 취할 수 있는 것은 기회이다'로 해석한다.

DAY 18

영상 보기

Recent trends	ask	for the teachers
최근 트렌드가	요청하는 것은	바로 선생들이
to teach	**the importance**	**of reading.**
가르치는 것이	그 중요성	바로 독해의 중요성인 것이다.

❶ recent trends ask는 '최근 트렌드가 요청하는 것은'으로 해석한다.

❷ 접속사와 전치사는 구체화한다. 접속사는 [접속사 + SV]의 형태를 취한다면 전치사는 [for S to V]의 형태를 취한다. 형태만 다를 뿐, 앞에 나온 것을 구체화한다는 맥락은 같다고 할 수 있다. 해석은 '그건 바로'로 해석한다.

❸ the teachers teach the importance of reading은 '그 선생이 가르치는 것은 그 중요성 바로 독해의 중요성이다'로 해석한다.

❹ for the teachers to teach the importance of reading은 '그건 바로 그 선생이 물어보는 것이 그 중요성 바로 독해의 중요성인 것이다'로 해석한다.

They	waited	for the other students	to follow up.
그들이	기다렸던 것은	바로 그 다른 학생들이	따라잡는 것이었다.

❶ they waited는 '그들이 기다린 것은'으로 해석한다.

❷ 전치사 for과 to : 접속사와 전치사는 구체화한다. 접속사는 [접속사+SV]의 형태를 취한다면 전치사는 [for S to V]의 형태를 취한다. 형태만 다를 뿐, 앞에 나온 것을 구체화한다는 맥락은 같다고 할 수 있다. 해석은 '그건 바로'로 해석한다.

❸ the other students follow up은 '그 다른 학생들이 따라잡는다'로 해석한다.

❹ 따라서 for the other students to follow up은 '그건 바로 그 학생들이 따라잡는 것'으로 해석한다.

207

The male students	prepared	for the war	to come.
그 남성 학생들이	대비했던 것은	바로 전쟁이	다가올 것에 대해서였다.

❶ the male students prepared는 '그 남성 학생들이 대비했던 것은'으로 해석한다.

❷ 접속사와 전치사는 구체화한다. 접속사는 [접속사+SV]의 형태를 취한다면 전치사는 [for S to V]의 형태를 취한다. 형태만 다를 뿐, 앞에 나온 것을 구체화한다는 맥락은 같다고 할 수 있다. 해석은 '그건 바로'로 해석한다.

❸ the war comes는 '전쟁이 다가온다'로 해석한다.

❹ 따라서 for the war to come은 '그건 바로 전쟁이 다가올 것'으로 해석한다.

The professor	was getting ready	for the college
그 교수가	준비하고 있었던 것은	바로 그 학교가

to shut down.
폐쇄할 것에 대해서였다.

❶ the professor was getting ready는 '그 교수가 준비하고 있었던 것은'으로 해석한다.

❷ 접속사와 전치사는 구체화한다. 접속사는 [접속사 + SV]의 형태를 취한다면 전치사는 [for S to V]의 형태를 취한다. 형태만 다를 뿐, 앞에 나온 것을 구체화한다는 맥락은 같다고 할 수 있다. 해석은 '그건 바로'로 해석한다.

❸ the college shut down은 '학교가 폐쇄했다'로 해석한다.

❹ 따라서 for the college to shit down은 '그건 바로 그 학교가 폐쇄할 것'으로 해석한다.

It	is always hard	for us	to guess
이것은	항상 어려운데	그건 바로 우리가	예측하는 것이 어려운데

what	will happen	next.
무엇이	반드시 발생할지이다	다음에

❶ It is always hard는 '이것은 항상 어려운데'로 해석한다.

❷ 접속사와 전치사는 구체화한다. 접속사는 [접속사+SV]의 형태를 취한다면 전치사는 [for S to V]의 형태를 취한다. 형태만 다를 뿐, 앞에 나온 것을 구체화한다는 맥락은 같다고 할 수 있다. 해석은 '그건 바로'로 해석한다.

❸ we guess what will happen next는 '우리가 예측하는 것은 무엇이 반드시 발생할지이다 다음에'로 해석한다.

❹ for us to guess what will happen next는 따라서 '그건 바로 우리가 예측하는 것이 어려운데 그건 무엇이 반드시 발생할지 다음에'로 해석한다.

DAY 19

영상 보기

The kid	wrote	a letter
그 아이가	적었던 것은	하나의 편지인데
for	**his parent**	**to read.**
그건 바로	그의 부모님이	읽을 편지였다.

❶ the kid wrote a letter는 '그 아이가 적은 것은 하나의 편지인데'로 해석한다.

❷ 접속사와 전치사는 구체화한다. 접속사는 [접속사+SV]의 형태를 취한다면 전치사는 [for S to V]의 형태를 취한다. 형태만 다를 뿐, 앞에 나온 것을 구체화한다는 맥락은 같다고 할 수 있다. 해석은 '그건 바로'로 해석한다. 이 경우에는 앞에 있는 명사 letter를 구체화한다.

❸ his parent read는 원래 '그의 부모님이 읽는다'라고 해석한다.

❹ 따라서 for his parent to read는 '그건 바로 그의 부모님이 읽을 편지였다'로 해석한다.

The father	bought	a mansion
그 아버지가	구매한 건	하나의 저택이었는데
for	**his family**	**to reside.**
그건 바로	그의 가족이	거주할 저택이었다.

❶ the father bought a mansion은 '그의 아버지가 구매한 것은 하나의 저택이었는데'로 해석한다.

❷ 접속사와 전치사는 구체화한다. 접속사는 [접속사+SV]의 형태를 취한다면 전치사는 [for S to V]의 형태를 취한다. 형태만 다를 뿐, 앞에 나온 것을 구체화한다는 맥락은 같다고 할 수 있다. 해석은 '그건 바로'로 해석한다. 이 경우에는 앞에 있는 명사 a mansion을 구체화한다.

❸ his family resides는 '그의 가족이 거주한다'로 해석한다.

❹ 따라서 그 앞에 for와 to를 붙인 for his family to reside '그건 바로 그의 가족이 거주하는 저택이었다'로 해석한다.

A neighborhood	brought	chicken
한 이웃이	가져온 건	바로 치킨이었는데
with	**them**	**for everyone to enjoy.**
바로	그들과 함께였는데	그건 바로 모두가 즐길 수 있는 치킨이었다.

❶ a neighborhood brought chicken with them은 '한 이웃이 가져온 것은 닭이었는데 그건 바로 그들과 함께였는데'로 해석한다.

❷ 접속사와 전치사는 구체화한다. 접속사는 [접속사+SV]의 형태를 취한다면 전치사는 [for S to V]의 형태를 취한다. 형태만 다를 뿐, 앞에 나온 것을 구체화한다는 맥락은 같다고 할 수 있다. 해석은 '그건 바로'로 해석한다. 이 경우에는 앞에 있는 명사 chicken을 구체화한다.

❸ everyone enjoys는 원래 '모두가 즐긴다'로 해석한다.

❹ 따라서 for과 to를 앞에 붙인 for everyone to enjoy는 '그건 모두가 즐길 수 있는 치킨이었다'로 해석한다.

Grandmother	set up	the plates
할머니가	준비했던 것은	접시인데

for the people to use.

그건 바로 사람들이 사용할 접시였다.

❶ Grandmother set up the plates는 '할머니가 준비했던 것은 접시인데'로 해석한다.

❷ 접속사와 전치사는 구체화한다. 접속사는 [접속사+SV]의 형태를 취한다면 전치사는 [for S to V]의 형태를 취한다. 형태만 다를 뿐, 앞에 나온 것을 구체화한다는 맥락은 같다고 할 수 있다. 해석은 '그건 바로'로 해석한다. 이 경우에는 앞에 있는 명사 the plates를 구체화한다.

❸ the people use는 '사람들이 사용한다'로 해석한다.

❹ 따라서 앞에 for와 to가 붙은 for the plates for the people to use는 '그건 바로 사람들이 사용할 접시였다'로 해석한다.

For christmas celebration,	they	shared
바로 크리스마스 축하를 위해,	그들이	공유했던 건

letters	for each other to read.
편지였는데	그건 바로 서로가 읽을 수 있는 편지였다.

❶ for Christmas celebration은 '바로 크리스마스 축하를 위해'로 해석한다.

❷ they shared letter는 '그들이 공유한 것은 편지였는데'로 해석한다.

❸ 접속사와 전치사는 구체화한다. 접속사는 [접속사+SV]의 형태를 취한다면 전치사는 [for S to V]의 형태를 취한다. 형태만 다를 뿐, 앞에 나온 것을 구체화한다는 맥락은 같다고 할 수 있다. 해석은 '그건 바로'로 해석한다. 이 경우에는 앞에 있는 명사 letters를 구체화한다.

❹ each other reads는 '서로가 읽는다'로 해석한다.

❺ for과 to가 앞에 붙은 for each other to read는 '그건 바로 서로가 읽을 수 있는 편지였다'로 해석한다.

DAY 20

영상 보기

Wildlife animals	must	never give up
야생 동물들이	반드시	절대로 포기하지 않아야 하는데
for	**themselves**	**to survive.**
그건 바로	그들 스스로가	생존하기 위해서이다.

❶ wildlife animals must never give up은 '야생 동물들이 반드시 절대로 포기하지 않아야 하는데'로 해석한다.

❷ 접속사와 전치사는 구체화한다. 접속사는 [접속사+SV]의 형태를 취한다면 전치사는 [for S to V]의 형태를 취한다. 형태만 다를 뿐, 앞에 나온 것을 구체화한다는 맥락은 같다. 해석은 '그건 바로'로 해석한다. 이 경우에는 앞에 있는 문장을 구체화한다.

❸ themselves survive는 '그들 스스로가 살아남는다'로 이해할 수 있다.

❹ 앞에 for과 to가 붙은 for themselves to survive는 '그건 바로 그들 스스로가 생존하기 위해서이다'로 해석할 수 있다.

The specialists	took care of	wounded animals
그 전문가들이	돌봐준 건	상처 입은 동물들이었는데

for them to carry on their lives.

그건 바로 그들이 지속하는 것이 그들의 삶이게 하기 위해서였다.

❶ the specialists took care of wounded animals는 '그 전문가들이 돌봐준 건 상처 입은 동물들이었는데'로 해석할 수 있다.

❷ 접속사와 전치사는 구체화한다. 접속사는 [접속사+SV]의 형태를 취한다면 전치사는 [for S to V]의 형태를 취한다. 형태만 다를 뿐, 앞에 나온 것을 구체화한다는 맥락은 같다. 해석은 '그건 바로'로 해석한다. 이 경우에는 앞에 있는 문장을 구체화한다.

❸ they carry on their lives는 '그들이 지속하는 것은 그들의 삶이다'로 해석할 수 있다.

❹ 앞에 for와 to가 붙으면 for them to carry on their lives를 '그건 바로 그들이 지속하는 것이 그들의 삶이게 하기 위해서'로 해석할 수 있다.

* they 앞에 for을 붙이면 for them이 되는데, 이 경우 해석이 달라지면 안 된다. for them도 they에서 시작했기 때문에 '그들이'로 해석하여 주어와 같이 이해한다.

A secure environment	must	be established
하나의 완전한 환경이	반드시	확립돼야 하는데

for surrounding species to flourish.

그건 바로 주변 종들이 번성하게 하기 위해서다.

❶ a secure environment must be established는 '하나의 안전한 환경이 반드시 확립돼야 하는데'로 해석한다.

❷ 접속사와 전치사는 구체화한다. 접속사는 [접속사+SV]의 형태를 취한다면 전치사는 [for S to V]의 형태를 취한다. 형태만 다를 뿐, 앞에 나온 것을 구체화한다는 맥락은 같다. 해석은 '그건 바로'로 해석한다. 이 경우에는 앞에 있는 문장을 구체화한다.

❸ surrounding species flourish는 '주변 종이 번성한다'로 해석할 수 있다.

❹ 앞에 for와 to가 붙어서 for surrounding species to flourish로 쓰게 되면 '그건 바로 주변 종들이 번성하게 하기 위해서'로 해석한다.

Animals	fight	over preys
동물들이	싸우는 건	바로 먹잇감에 대해 인데

for their family to not starve.

그건 바로 그들의 가족이 절대 굶지 않게 하기 위해서이다.

❶ animals fight over preys는 '동물들이 싸우는건 바로 먹잇감에 대해인데'로 해석한다.

❷ 접속사와 전치사는 구체화한다. 접속사는 [접속사+SV]의 형태를 취한다면 전치사는 [for S to V]의 형태를 취한다. 형태만 다를 뿐, 앞에 나온 것을 구체화한다는 맥락은 같다. 해석은 '그건 바로'로 해석한다. 이 경우에는 앞에 있는 문장을 구체화한다.

❸ 원래 문장인 their family don't starve는 '그들의 가족이 절대 굶지 않는다'로 해석한다.

❹ for와 to가 문장 앞에 붙어 for their family to not starve와 같이 쓰이면 '그건 바로 그들의 가족이 절대 굶지 않게 하기 위해서'로 해석할 수 있다.

Each species	employ	different strategy
각각의 종이	사용하는 건	다른 전략인데

for their enemy to confuse.

그건 바로 그들의 적군이 헷갈리게 하기 위해서이다.

❶ each species employ different startegy는 '각각의 종이 사용하는 건 다른 전략인데'로 해석한다.

❷ 접속사와 전치사는 구체화한다. 접속사는 [접속사+SV]의 형태를 취한다면 전치사는 [for S to V]의 형태를 취한다. 형태만 다를 뿐, 앞에 나온 것을 구체화한다는 맥락은 같다. 해석은 '그건 바로'로 해석한다. 이 경우에는 앞에 있는 문장을 구체화한다.

❸ 원래 문장인 their enemy confuses는 '그들의 적군이 헷갈린다'로 해석할 수 있다.

❹ 문장 앞에 for와 to를 붙여 해석하면 for their enemy to confuse는 '그건 바로 그들의 적군이 헷갈리게 하기 위해서'로 해석할 수 있다.

DAY 21

She	said	that
그녀가	말한 것은	그것은
the man	**mentioned of**	**the child's hiding the object.**
그가	언급했던 것은 그건 바로	그 아이가 숨기는 것이 그 물체였다는 것이다.

❶ she said that the man mentioned of 까지는 '그녀가 말한 것은 그가 언급했던 것은 바로'라고 해석한다.

❷ 접속사와 전치사는 구체화한다. 접속사는 [접속사+SV]의 형태를 취한다면 전치사는 [for S to V]의 형태를 취한다. 여기에서 한 번의 변형이 더 이루어지는 경우 [S's Ving]의 형태를 띠게 된다.

❸ 앞서 언급한 그 남자가 무엇을 언급했는지를 얘기하기 위해 'the child hid the object'(그 아이가 숨긴 것은 그 물체였다)라고 서술해야 한다. 하지만 문장이 연결되기에 다음과 같은 방식으로 서술한다.

❹ the child's hiding the object. 즉, 본질적인 의미를 가진 the child hid the object에서 the child에 's를 붙이고 hid(hide의 과거형)에 ing를 붙여 hiding으로 만들어주는 것이다.

Their blaming the boy	was truly unfair	for him.
그들이 비난하는 것이 그 아이인 것이	진정으로 불공평했던 것은	바로 그 아이에게 였다.

❶ 앞부분 주어는 their blaming the boy인데 이 부분은 '그들이 비난하는 것이 그 아이인 것'으로 해석한다. 즉, '그들이 그 아이를 비난하는 것 자체'를 주어로 만들어주는 것이다. 이 주어 안에 있는 본질적 메시지는 they blamed the boy인데 they를 소유격(they's가 아닌 their)로 만들고 blame에 ing를 붙여 blaming의 형태를 만들어주는 것이다.

❷ 접속사와 전치사는 구체화한다. 접속사는 [접속사+SV]의 형태를 취한다면 전치사는 [for S to V]의 형태를 취한다. 여기에서 한 번의 변형이 더 이루어지는 경우 [S's Ving]의 형태를 띠게 된다. 앞서 서술한 주어 '그들이 비난하는 것이 그 아이인 것'에 대한 서술어는 was이고, 이는 '~이/가'라고 해석한다.

❸ 그러한 비난의 상황은 unfair 했다고 하기에 '불공평했던 것은'이라고 해석한다.

❹ 구체적으로 누구에게 불공평했는지 서술하기 위해 전치사 for를 사용하고 him에 대해서 라고 구체화한다. 이는 '바로 그 아이에게 였다'라고 해석한다.

The theory	suggested	wrong	of
그 이론이	제기했던 것은	틀렸다는 것인데	그건 바로

his explaning the phenomenon.

그가 설명하는 것이 그 현상인 것이 틀렸다는 것이다.

❶ 앞부분 주어-서술어는 the theory suggested wrong of는 '그 이론이 시사했던 건 틀렷
다는 것인데 그건 바로'라고 해석한다.

❷ 접속사와 전치사는 구체화한다. 접속사는 [접속사+SV]의 형태를 취한다면 전치사는
[for S to V]의 형태를 취한다. 여기에서 한 번의 변형이 더 이루어지는 경우 [S's Ving]의
형태를 띠게 된다.

❸ of 뒤에서 무엇이 틀렸는지를 구체화하는 [his explaining the phenomenon]은 원래 [he
explained the phenomenon]에서 시작한다. [he explained the phenomenon]은 '그가
설명했던 것은 그 이론이다'로 해석한다.

❹ [he explained the phenomenon]을 he 뒤에 's를 붙여 소유격 his로 만들고 explained의
동사원형인 explain 뒤에 ing를 붙여 his exlaining the phenomenon으로 변형시켜 이를
하나의 '명사 덩어리'로 만든 후 이 해석을 원형과 크게 차이가 없게 받아들인다. 해석은
'그가 설명하는 것이 그 현상인 것'이라고 이해한다.

At last	the audience	understood
마침내,	그 관객이	이해했던 것은

the couple's breaking up.

그 커플이 헤어지는 것에 대해서였다.

❶ at last, the audience understood는 '마침내, 그 관객이 이해했던 것은'이라고 해석한다.

❷ 접속사와 전치사는 구체화한다. 접속사는 [접속사+SV]의 형태를 취한다면 전치사는
[for S to V]의 형태를 취한다. 여기에서 한 번의 변형이 더 이루어지는 경우 [S's Ving]의
형태를 띠게 된다.

❸ [주어-서술어] : 원래 [the couple broke up]이라는 문장을 하나의 명사 덩어리로 만
들기 위해 the couple뒤에 's를 붙이고 broke up의 동사원형인 break up에 ing를 붙여
breaking up으로 만든다.

❹ 이에 따라 만들어진 [the couple's breaking up]은 원형과 유사하게 해석하여 '그 커플이
헤어지는 것'이라고 해석한다(하나의 명사 덩어리이기 때문에 ~인 것으로 마무리한다).

However,	the movie	forbidded
그러나,	그 영화가	금지했던 것은

the audience's being sorrowful.

관객들이 슬퍼하는 것이었다.

❶ however, the movie forbidded까지는 '그러나, 그 영화가 금지했던 것은'이라고 해석해 본다.

❷ 접속사와 전치사는 구체화한다. 접속사는 [접속사+SV]의 형태를 취한다면 전치사는 [for S to V]의 형태를 취한다. 여기에서 한 번의 변형이 더 이루어지는 경우 [S's Ving]의 형태를 띠게 된다.

❸ the audience's being sorrowful의 원형은 the audience was sorrowful이다. 따라서 원형의 the audience라는 주어 뒤에 's를 붙이고 was의 동사원형인 be동사에 ing를 붙여 being으로 변형한 것이다.

❹ 따라서 the audience's being sorrowful은 이것의 원형인 the audience was sorrowful의 해석과 유사하게 '그 관객이 슬펐다'에서 시작해서 '그 관객이 슬퍼하는 것'이라고 해석해준다.

DAY 22

영상 보기

내가	원하는 건	당신의	사랑이다.
I	want	your	love.

❶ 맨 처음 나오는 말은 '내가'로 시작한다.
❷ 서술어는 '원하는 것은'으로 사고하여 뒤에 나올 단어와 연결할 준비를 해준다.
❸ 목적어는 '당신의 사랑'이므로 '이다'로 마무리한다.
　 한글은 '나는 당신의 사랑을 원한다'와 같이 사고한다.
　 영어는 '내가 사랑하는 건 당신이다'와 같이 사고한다.

당신이	보고 있는 것은	바로
You	are looking	at
당신의	미래 아내다.	
your	future wife.	

❶ 주어는 '당신이'로 시작하여 you로 시작한다. '당신은'이라고 시작하면 문장이 '닫히게' 되어 오른쪽으로 점점 확장해나가기가 어렵다.
❷ 서술어는 '보고 있는 것은'으로 사고하여 뒤에 나올 단어와 연결할 준비를 한다. 이에 따라 are looking at부터 떠올릴 수 있다.
❸ 구체적으로 무엇을 보는지를 진술하기 위해 '바로'라고 구체화할 준비를 한다. 어울리는 전치사 'at'를 떠올릴 수 있다.
❹ 목적어는 '당신의 미래 와이프'로 생각하면 your future wife를 떠올릴 수 있다.

218

그 사람들이	반드시	당시에 완료했어야하는 것은	그들의 임무다.
Those people	must	have completed	their mission.

❶ 맨 처음 나오는 말을 '그 사람들이'로 시작하여 those people을 떠올릴 수 있다.
❷ 서술어를 '반드시 당시에 완료했어야 하는 것은'으로 생각하면 must(반드시) have(당시에) completed(완료했어야 하는 것은)을 떠올릴 수 있다.
❸ 목적어를 [그들의 미션]으로 떠올려 their mission을 말할 수 있다.

지난해,	그 동물들이	다함께
Last year,	the animals	altogether
움직였던 것은	바로	그 비옥한 땅으로였다.
moved	to	the fertile land.

❶ 시간적 표현인 '지난해'를 떠올려 last year이라고 말할 수 있다.
❷ 주어를 '그 동물들이'로 구사하여 the animals라고 말할 수 있다.
❸ 서술어를 '다 함께 움직였던 것은'을 떠올려 altogether moved라고 말할 수 있다.
❹ '바로' 어디로 움직였는지를 말하기 위해 전치사를 사용하겠다고 생각할 수 있다. 어딘가로 움직였는지를 구체화하는 경우에는 전치사 to를 떠올리면 된다.
❺ 목적어로 '그 비옥한 땅'을 말할 때는 the fertile land라고 각각의 단어를 매칭해 말하면 된다.

그 의원이	동의했던 것은	바로
The congressman	agreed	to
그 통과	그건 바로 법안 통과였다.	
the passage	of the law.	

❶ 주어를 '그 의원이'라고 생각하여 the congressman으로 시작한다.

❷ 앞뒤를 연결하겠다는 생각으로 '~하는 것은'을 떠올려 '동의한 것은'이라고 떠올린다. agreed라는 동사를 사용할 수 있다.

❸ 구체적으로 무엇에 동의했는지를 말하기 위해 '바로'라는 말을 떠올린다. 구체화를 위해 전치사가 필요한데, 전치사는 to를 사용할 수 있다.

❹ 무엇에 동의했는지 떠올려야 한다. '동과'에 동의했디고 생각하고 the passage라는 단어를 사용하면 된다. 그런데 구체적으로 어떤 통과인지를 말해야 하기 때문에 전치사로 구체화하여 '그건 바로 법안 통과였다'라고 떠올리고 of the law라고 말할 수 있다.

DAY 23

영상 보기

그 사람들이	당시에 도와줬던 것은	그 문제가	해결되도록 이다.
The people	have helped	the problem	to be solved.

❶ 주어는 '그 사람들이'로 시작하여 the people이라고 표현한다.

❷ 서술어는 '당시에 도와줬던 것은'이라고 생각하고 have helped라고 표현한다.

❸ 목적어는 '그 문제가'라고 생각하며, 이를 마치 또 다른 주어처럼 표현한다. '그 문제를'이라고 떠올리면 영어적 표현이 닫혀버린다. 영어로 the problem이라고 표현한다.

❹ 그 문제가 '해결되도록' 도와줬다는 표현을 써야 하기 때문에 수동태라서 be solved라는 표현을 사용하면 된다. 다만 '앞으로 해결이 되도록 도와줬다'는 의미이기 때문에 'to'라는 전치사를 'be solved'에 붙여서 표현한다.

바로 다른 사람에게는,	문제들	바로 이런 문제들이
For others,	problems	like this
반드시 만들 것은	상황이	더 심각해지게이다.
will make	the situation	worse.

❶ '다른 사람들에게'라는 표현은 '바로 다른 사람들에게'라고 떠올리고 for others라고 표현한다.

❷ 주어는 '문제들'이며 영어로 problems를 먼저 내뱉는다. 특히 어떤 문제인지를 구체화하기 위해 '바로 이런 문제들'이라고 떠올리고 like this라고 표현한다.

❸ 서술어는 '반드시 만들 것은'이라고 연결을 준비하는 방식으로 사고하며 이를 영어로 will make라고 표현한다.

❹ 또 다른 주어로 '그 상황'이 어떻게 될 것인지를 표현하고자 하기에 '그 상황이'라고 생각한 상태에서 the situation이라고 표현한다.

❺ 바로 앞에 언급한 그 상황이 어떻게 되는지를 서술하겠다는 생각으로 '더 심각해지게'라는 표현을 떠올리고, 이를 영어로 worse라고 표현한다.

선생님들이	격려한 것은	그 학생들이
Teachers	encouraged	the students

결국 이해하게 하는 것이	그 중요한 문제이도록 이었다.	
to finally understand	the important problem.	

❶ 주어는 '선생님들이'를 떠올리고 teachers라고 표현한다.

❷ 연결해줘야 하기 때문에 '격려하다'가 아닌 '격려한 것은'을 떠올린다. 이를 encouraged 라고 표현한다.

❸ 무엇을 북돋웠는지를 서술할 것이기에 '그 학생들이'라고 떠올린다. 영어로 the students 라고 표현한다.

❹ 그 학생들이 어떻게 되도록 격려했는지를 설명해야 하기 때문에 학생들이 '(그 중요한 문제를 결국 이해하게) 격려했다'를 표현하고 싶어도 영어적으로 사고해야 함을 잊으면 안 된다. '결국 이해하는 것이 그 중요한 문제이도록'이라는 순서대로 생각해줘야 한다. 학생들이 어떤 행동을 하게 격려했는지가 먼저 튀어나와야 한다. 이를 영어로 to finally understand the important problem이라고 표현하면 된다.

우리가	기대하는 것은	그 군대가
We	expect	the troops

떠나는 것이다	가능한 빨리.	
to leave	as soon as possible.	

❶ 주어는 '우리가'를 떠올리고 영어로 we라고 말한다.

❷ 서술어는 연결의 느낌으로 '기대하는 것은'으로 해석하고 영어로 expect라고 말한다.

❸ 무엇을 기대하는지를 서술할 것이므로 '그 군대가'라고 생각하고 the troops라고 말한다.

❹ 바로 앞에서 언급한 the troops가 무얼 하는 걸 기대하는지를 서술할 것이니 '떠나는 것 이다'라고 생각하고 영어로 to leave라고 말한다. 지금 이미 떠난 상태가 아니라 앞으로 떠날 것으로 기대하는 것이기에 '미래'의 의미를 가져 to라는 전치사를 사용한다.

❺ 군대가 어떻게 떠나는지를 구체적으로 서술하기 위해 '가능한 한 빨리'라는 말을 떠올리 고 as soon as possible이라고 말한다.

사람들이	원하는 건	그들의 사랑하는 사람이	함께하는 것이다.
People	want	their beloved ones	to be together.

❶ 주어는 '사람들이'라고 생각하고 people이라고 말한다.

❷ 연결하는 서술하는 '원하는 것은'이라고 생각하고 want라고 말한다.

❸ 원하는 대상은 '그들의 사랑하는 사람'이기 때문에 '그들의 사랑하는 사람이'라고 생각하고 their beloved ones라고 말한다.

❹ 바로 앞에 언급한 '그들의 사랑하는 사람들'이 '함께하는 것'을 원하는 것이기에 영어로 be together이라고 말한다. 다만 지금 당장 함께하는 상태가 아닌, 앞으로 함께할 것으로 원하는 것이기에 to be together이라고 말한다.

DAY 24

영상 보기

그 교장 선생님이	보냈던 것은	나의 담임 선생님에게	하나의 경고였다.
The principal	sent	my homeroom teacher	a warning.

❶ 주는 사람은 '그 교장 선생님이'라고 생각하고 the principal이라고 말한다.
❷ 주는 행위는 '보냈던 것은'이라고 생각하고 sent라고 말한다.
❸ 받는 사람은 '나의 담임 선생님에게'라고 생각하고 my homeroom teacher라고 말한다.
❹ 주는 물건은 '경고였다'라고 생각하고 a warning이라고 말한다.

내 누나	그건 바로 감옥에 있는 내 누나인데	그녀가 보낸 것은
My sister	in the prison	sent
나에게	하나의 편지였다.	
me	a letter.	

❶ 주는 사람은 '내 누나 그건 바로 감옥에 있는 누나인데 그녀가'라고 생각하고 my sister in the prison이라고 말한다.
  * 엄밀히 말하면 '내 누나'가 주어이고 그녀에 대한 구체적 서술이 '그건 바로 감옥에 있다'이기에, 그것을 다시 '내 누나'에 대한 이야기라는 것을 반복해줘야 주어를 상기할 수 있다. 그렇기 때문에 '내 누나 그건 바로 감옥에 있는 내 누나인데 그녀가'라고 사고하는 과정이 필요하다.
❷ 주는 행위는 '보냈던 것은'이라고 생각하고 sent라고 말한다.
❸ 받는 사람은 '나에게'라고 생각하고 me라고 말한다.
❹ 주는 물건은 '하나의 편지였다'라고 생각하고 a letter라고 말한다.

리의 친구들이	얻어준 것은	그에게	한 마리의 강아지였다.
Lee's friends	got	him	a puppy.

❶ 주는 사람(주어)은 'lee의 친구들이'라고 생각하고 Lee's friends라고 말한다.
❷ 주는 행위(서술어)는 '얻어준 것은'이라고 생각하고 got이라고 말한다.
   * get이라는 동사는 '얻다'이고 got은 그것의 과거형인 '얻었다'이다. 하지만 문장 구조에
   따라 '얻어주다'라는 의미를 가질 수도 있다. 이런 사고는 애초에 문장 구사를 왼쪽에서
   오른쪽으로 하려고 해야 가능한 것이다.
❸ 받는 사람(직접목적어)은 '그에게'로 생각하고 him이라고 말한다.
❹ 주는 물건(간접목적어)은 '한 마리의 강아지이다'라고 생각하고 a puppy라고 말한다.

결국	그가	당시에 사준 것은
Finally	he	has bought
그의 강아지에게	새 옷이었다.	
his puppy	a new cloth.	

❶ 부사는 '결국에'라고 생각하고 finally라고 말한다.
❷ 주는 사람(주어)은 '그가'라고 생각하고 he라고 말한다.
❸ 주는 행위(서술어)는 '당시에 사준 것은'이라고 생각하고 has bought라고 말한다.
❹ 받는 사람(직접목적어)은 '그의 강아지에게'라고 생각하고 his puppy라고 말한다.
❺ 주는 물건(간접목적어)은 '새 옷이었다'라고 생각하고 a new cloth라고 말한다.

그 상황이	제공했던 것은	그들에게	하나의 새로운 기회였다.
The situation	offered	them	a new opportunity.

❶ 주는 주체(주어)는 '그 상황이'라고 생각하고 the situation이라고 말한다.
❷ 주는 행위(서술어)는 '제공했던 것은'이라고 생각하고 offered라고 말한다.
❸ 받는 사람(직접목적어)은 '그들에게'라고 생각하고 them이라고 말한다.
❹ 주는 물건(간접목적어)은 '하나의 새로운 기회였다'라고 생각하고 a new opprtunity라
   고 말한다.

DAY 25

영상 보기

그 케이크가	바로 그 가게 주인의	케이크 맛이	놀라웠다.
The cake	of the shop owner	tasted	amazing.

❶ 주어는 '그 케이크 바로 그 가게 주인의 케이크'로 생각하고 the cake of the shop owner 이라고 말한다.

❷ 서술어는 앞서 언급한 케이크의 '미각적 상태'를 의미하기에 '맛이'라고 생각하고 tasted 라고 말한다.

❸ 상태(보어)는 케이크의 맛이 '놀라웠다'라고 생각하고 amazing이라고 말한다.

그 셔츠	냄새가	정말 안 좋다	바로 그 훈련 다음에.
The shirt	smells	really bad	after the training.

❶ 주어는 '그 셔츠'라고 생각하고 the shirt라고 말한다.

❷ 앞서 언급한 셔츠의 후각적 상태에 대해 얘기하는 것이기 때문에 '냄새가'라고 생각하고 smells라고 말한다.

❸ 상태(보어)는 셔츠의 냄새 상태가 '정말 안 좋다'라고 생각하고 really bad라고 말한다.

❹ 앞서 언급한 [주어+서술어+보어]가 구체적으로 어떤 상황에서 이루어진 것인지를 말하고자 하기에 '바로 그 훈련 다음에'라고 생각하고 after the training이라고 말한다.

그 커플	모습이	정말 행복해 보인다
The couple	looks	very happy
적어도	겉으로는.	
at least	on the surface.	

❶ 주어는 '그 커플'이라고 생각하고 the couple이라고 말한다.

❷ 서술어는 '모습이'라고 생각하고 looks라고 말한다.

❸ 상태(보어)는 그 커플 모습이 어떤지를 서술하는 것이기에 '행복해 보인다'라고 생각하고 very happy라고 말한다.

❹ 그 커플 모습이 행복해 보이는 게 구체적으로 어떤 경우에 그러한지를 설명하기 위해 '적 어도 겉으로는'이라고 말하고 at least on the surface라고 말한다.

내가	생각하는 것은	그 남자가
I	think	the man
점점 되어가는 건	자본주의가적인 괴물이라는 것이다.	
is becoming	a capitalist monster.	

❶ 주어는 '내가'라고 떠올리고 I라고 말한다.

❷ 서술어는 '생각하는 것은'이라고 떠올리고 think라고 말한다.

❸ '내가 생각하기에 어떤지'를 서술하는 과정에 들어가는 주어는 역시 주어처럼 생각한다. '그 남자가'라고 생각하고 the man이라고 말한다.

❹ '점점 되어가는 것은'이라고 생각하고 is becoming이라고 말한다.

❺ 또 다른 주어의 보어로 '자본주의가적인 괴물'이라는 말을 떠올리고 a capitalist monster 이라고 말한다.

우리	상태가	항상 차분했다
We	remained	always calm
심지어	바로 그와 같은	분위기에서도.
even	in such	atmosphere.

❶ 주어는 '우리'라고 생각하고 we라고 말한다.

❷ 서술어는 '상태가'라고 생각하고 remained라고 말한다.

❸ 우리 상태가 어떤지를 서술하는 보어 부분은 '항상 차분했다'라고 생각하고 always calm 이라고 말한다.

❹ 우리 상태가 항상 차분한 것이 구체적으로 어떤 경우에도 그러했는지를 설명하는 부분 에서는 '심지어 바로 그와 같은 분위기에서도'라고 생각하고 even in such atmosphere 이라고 말한다.

DAY 26

영상 보기

그들이	뛰고 있는 것은	바로 그 경기장에서 이다.
They	**are running**	**in the stadium.**

❶ 주어는 '그들이'라고 생각하고 they라고 말한다.
❷ 서술어는 '뛰고 있는 것은'이라고 생각하고 현재진행형 동사 are running이라고 말한다.
❸ 구체적으로 어디에서 뛰고 있는지를 제시하기 위해 '그건 바로 그 경기장에서 이다'라고 생각하고 in the stadium이라고 말한다.

사람들이	겪고 있는 것은	힘든 시간인데	그건 바로 이 경기 침체에서 이다.
People	**are having**	**a hard time**	**in this economic recession.**

❶ 주어는 '사람들이'라고 생각하고 people이라고 말한다.
❷ 서술어는 '겪고 있는 것은'이라고 생각하고 are having이라고 말한다.
❸ 목적어는 '힘든 시간인데'로 생각하고 a hard time이라고 말한다.
❹ '사람들이 겪고 있는 것은 힘든 시간인데'에서 구체적으로 어떤 경우에 이런 힘든 시간을 겪고 있는지를 말하기 위해 '그건 바로 이 경기 침체에서'라고 생각하고 in this economic recession이라고 말한다.

학생들이	반드시	배워야 하는 것은
Students	must	learn
제대로인데	그건 바로 이 책을 통해서 이다.	
properly	through this book.	

❶ 주어는 '학생들이'라고 생각하고 students라고 말한다.
❷ 서술어는 '반드시 배워야 하는 것은'이라고 생각하고 must learn이라고 말한다.
❸ 구체적으로 어떻게 배우는지를 서술하기 위해 '제대로인데'라고 생각하고 properly라고 말한다.
❹ '학생들이 반드시 배워야 하는 것은 제대로인데'에서 구체적으로 어떻게 제대로인지를 서술하기 위해 '그건 바로 이 책을 통해서 이다'라고 생각하고 through this book이라고 말한다.

그 선생이	충분히 가르칠 수 있는 것은	바로 이 추상적인 공간에서이다.
The teacher	could teach	in this abstract space.

❶ 주어는 '그 선생이'라고 생각하고 the teacher이라고 말한다.
❷ 서술어는 '충분히 가르칠 수 있는 것은'이라고 생각하고 could teach라고 말한다.
❸ '그 선생이 충분히 가르칠 수 있는 것은'에서 구체적으로 어떤 공간에서 가능한지를 서술하기 위해 '그건 바로 이 추상적인 공간에서 이다'라고 떠올리고 in this abstract space라고 말한다.

그 여성들이	쇼핑했던 것은	바로 그 백화점에서 이다.
The women	shopped	at the department store.

❶ 주어는 '그 여성들이'라고 떠올리고 the women이라고 말한다.
❷ 서술어는 '쇼핑했던 것은'이라고 떠올리고 shopped라고 말한다.
❸ '그 여성들이 쇼핑했던 것은'에서 구체적으로 어디에서인지를 서술하기 위해 '그건 바로 그 백화점에서 이다'라고 떠올리고 at the department store이라고 말한다.

DAY 27

그녀가	말했던 것은	그에게이다
She	told	him
그것은	그가	충분히 성공할 수 있다는 것이다.
that	he	could succeed.

❶ 주어는 '그녀가'라고 생각하고 she라고 말한다.
❷ 서술어는 '말했던 것은'이라고 생각하고 told라고 말한다.
❸ 말하는 대상인 목적어는 '그에게'라고 생각하고 him이라고 말힌디.
❹ 구체적으로 '그에게' 말한 것이 무엇인지를 설명하기 위해 '그것은'이라고 생각하고 that
　이라고 말한다.
❺ '그가'라고 생각하고 he라고 말한다.
❻ '충분히 성공할 수 있다는 것이다'라고 생각하고 could succeed라고 말한다.

그가	답장했던 것은	그것은
He	replied	that
그가	항상 감사한 것은	바로 그녀에게 라는 것이다.
he	is always grateful	for her.

❶ 주어는 '그가'라고 생각하고 he라고 말한다.
❷ 서술어는 '답장했던 것은'이라고 생각하고 replied라고 말한다.
❸ 구체적으로 뭐라고 답장했는지를 서술하기 위해 '그것은'이라고 생각하고 that이라고 말
　한다.
❹ '그가'라고 생각하고 he라고 말한다.
❺ '항상 감사한 것은'이라고 생각하고 is always grateful이라고 말한다.
❻ 구체적으로 누구에게 감사한 것인지를 서술하기 위해 '바로 그녀에게라는 것이다'라고
　생각하고 for her이라고 말한다.

모두가	알고 있는 것은	그것은
Everybody	knows	that
그 환경적 해결책이	필요하다는 것이다.	
the environmental solutions	are needed.	

❶ 주어는 '모두가'라고 생각하고 everybody라고 말한다.

❷ 서술어는 '알고 있는 것은'이라고 생각하고 knows라고 말한다.

❸ 구체적으로 무엇을 아는 것인지를 설명하기 위해 '그것은'이라고 생각하고 that이라고 말한다.

❹ '그 환경적 해결책이'라고 생각하고 the environmental solutions라고 말한다.

❺ '필요하다는 것이다'라고 생각하고 are needed라고 말한다.

사람들이	반드시	인정해야 하는 것은
People	must	admit
그것은	그 구식 방법이	틀렸다는 것이다.
that	the old-school method	is wrong.

❶ 주어를 '사람들이'라고 생각하고 people이라고 말한다.

❷ 서술어는 '반드시 인정해야 하는 것은'이라고 생각하고 must admit이라고 말한다.

❸ 구체적으로 무엇을 인정해야 하는지 말하기 위해 '그것은'이라고 생각하고 that이라고 말한다.

❹ '그 구식 방법이'라고 생각하고 the old-school method라는 표현을 사용하여 말한다.

❺ '틀렸다는 것이다'라고 생각하고 is wrong이라고 말한다.

몇몇 사람들이	부정하는 것은	그것은
Some people	deny	that
그들의 언어 능력이	좋지 않다는 것이다.	
their language competency	is not so good.	

❶ 주어는 '몇몇 사람이'라고 생각하고 some people이라고 말한다.

❷ 서술어는 '부정하는 것은'이라고 생각하고 deny라고 말한다.

❸ 구체적으로 무엇을 부정했는지를 서술하기 위해 '그것은'이라고 생각하고 that이라고 말한다.

❹ '그들의 언어 능력이'라고 생각하고 their language competency라고 말한다.

❺ '좋지 않다는 것이다'라고 생각하고 is not so good라고 말한다.

DAY 28

우리가	분명히 알 수 있는 것은	무엇이
We	can surely know	what
정의하는 것이	삶인지 이다.	
defines	life.	

❶ 주어는 '우리가'라고 생각하고 we라고 말한다.

❷ 서술어는 '충분히 분명히 알 수 있는 것은'이라고 생각하고 can surely know라고 말한다.

❸ 구체적으로 무엇을 알 수 있는지를 서술하기 위해 '무엇이'라고 생각하고 what이라고 말한다.

❹ '정의하는 것이'라고 생각하고 defines라고 말한다.

❺ '삶인지'라고 생각하고 life라고 말한다.

  * 결국 '무엇이 정의하는 것이 삶인지'와 같이 긴 호흡으로 생각할 수 있어야 한다.

남편들이	충분히 절대 알 수 없는 것은	무엇이
Husbands	can never know	what
아내들이	좋아하는 것인지 이다.	
the wives	like.	

❶ 주어는 '남편들이'라고 생각하고 husbands라고 말한다.

❷ 서술어는 '충분히 절대 알 수 없는 것은'이라고 생각하고 can never know라고 차례대로 말한다.

❸ 무엇을 알 수 없는지를 구체적으로 얘기하기 위해 '무엇이'라고 생각하고 what이라고 말한다.

❹ '아내들이'라고 생각하고 the wives라고 말한다.

❺ '좋아하는 것인지'라고 생각하고 like라고 말한다.

여자들이	반드시	말해줘야 하는 것은	남자들에게
Women	must	tell	men
정확히	무엇이	만드는 것이	그들을 행복하게 인지 이다.
exactly	what	makes	them happy.

❶ 주어는 '여자들이'라고 생각하고 women이라고 말한다.
❷ 서술어는 '반드시 말해줘야 하는 것은'이라고 생각하고 must tell이라고 말한다.
❸ 말을 해줘야 하는 대상인 사람을 '남자들에게'라고 생각하고 men이라고 말한다.
❹ 정확히 어떤 얘기를 해줘야 하는지를 서술하기 위해 '정확히'라고 생각하고 exactly라고 말한다.
❺ '무엇이'라고 생각하고 what이라고 말한다.
❻ '무엇이 만드는 것이'라고 생각하고 makes라고 말한다.
❼ '그들을'이라고 생각하고 them이라고 말한다.
❽ '행복하게 인지'라고 생각하고 happy라고 말한다.

그럼에도 불구하고,	사람들이	종종 잊어버리는 것은
Nevertheless,	people	often forget
무엇이	의사소통이	결국에 생성하는 것인지 이다.
what	communication	finally generates.

❶ '그럼에도 불구하고'라고 생각하고 nevertheless라고 말한다.
❷ '사람들이'라고 생각하고 people이라고 말한다.
❸ '종종 잊어버리는 것은'이라고 생각하고 often forget이라고 말한다.
❹ 구체적으로 '무엇'에 대해서 잊어버리는지를 말하기 위해 '무엇이'라고 생각하고 what이라고 말한다.
❺ '의사소통이'라고 생각하고 communication이라고 말한다.
❻ '결국 생성하는 것인지'라고 생각하고 finally generates라고 말한다.

내가	아는 것은	무엇이
I	know	what
당신이	싫어하는 것인지 이다.	
you	hate.	

❶ '내가'라고 생각하고 I라고 말한다.
❷ '아는 것은'이라고 생각하고 know라고 말한다.
❸ 무엇을 아는지를 구체화하기 위해 '무엇이'라고 생각하고 what이라고 말한다.
❹ '당신이'라고 생각하고 you라고 말한다.
❺ '싫어하는 것인지'라고 생각하고 hate라고 말한다.
 * what부터 you hate가 끝날 때까지 '하나의 호흡'으로 연결된다는 것을 기억하고 그 느낌을 최대한 살려서 문장을 구사해야 한다.

DAY 29

내가	절대 알지 못했던 것은	어떻게
I	never knew	how
네가	간 것이	집으로였는지 였다.
you	went	home.

❶ '내가'라고 생각하고 I라고 말한다.

❷ '절대 알지 못했던 것은'이라고 생각하고 never knew라고 말한다.

❸ 구체적으로 '어떻게' 무언가가 발생했는지를 알지 못했음을 말하기 위해 '어떻게'라고 생각하고 how라고 말한다.

❹ '당신이'라고 생각하고 you라고 말한다.

❺ '간 것이'라고 생각하고 went라고 말한다.

❻ '집으로였는지'라고 생각하고 home이라고 말한다.

그것이	왜	내가
That is	why	I
전화한 것이	당신에게 인지 이다	지난밤에.
called	you	last night.

❶ 앞서 언급한 문장을 가리키기 위해 '그것이'라고 생각하고 that is라고 말한다.

❷ 그 앞서 서술한 것을 이유로 설명하기 위해 '왜'라고 생각하고 why라고 말한다.

❸ '내가'라고 생각하고 I라고 말한다.

❹ '전화한 것이'라고 생각하고 called라고 말한다.

❺ '당신에게'라고 생각하고 you라고 말한다.

❻ 구체적으로 언제 그랬는지를 설명하기 위해 부사로 '지난밤에'라고 생각하고 last night 라고 말한다.

말해줘라	나에게	왜	그가
Tell	me	why	he
절대 받지 않은 것이	전화였는지	지난밤에.	
didn't pick up	the phone	last night.	

❶ 명령문(상대에게 무언가를 할 것을 명령하는 문장)에서는 내 눈앞에 있는 상대방에게 말하는 것이 '당연하기' 때문에 you가 생략된다.

❷ '말해라'라고 명령하듯 생각하고 tell이라고 말한다.

❸ '나에게'라고 생각하고 me라고 말한다.

❹ '왜'라고 생각하고 why라고 말한다.

❺ '그가'라고 생각하고 he라고 말한다.

❻ '절대 받지 않은 것이'라고 생각하고 didn't pick up이라고 말한다.

❼ '그 전화였는지'라고 생각하고 the phone이라고 말한다.

❽ '지난밤에'라고 생각하고 last night라고 말한다.

내가	충분히 절대 이해하지 못하겠는 것은	어떻게	당신이
I	cannot understand	how	you
충분히 대우하는 것이	나를	바로 이렇게일 수 있는지이다.	
could treat	me	like this.	

❶ '내가'라고 생각하고 I라고 말한다.

❷ '충분히 이해할 수 없는 것은'이라고 생각하고 cannot understand라고 차례대로 말한다.

❸ 이해할 수 없는 것이 무엇인지 구체화하기 위해 '어떻게'라고 생각하고 how라고 말한다.

❹ '당신이'라고 생각하고 you라고 말한다.

❺ '충분히 대우하는 것이'라고 생각하고 could treat me라고 말한다.

❻ '나를'이라고 생각하고 me라고 말한다.

❼ '바로 이렇게인지'라고 생각하고 like this라고 말하면서 마무리짓는다.

다음번에는	당신이	반드시	알려줘야 하는 것은
Next time	**you**	**must**	**inform**
나에게	어디로	당신이	가고 있는지 이다.
me	**where**	**you**	**are going.**

❶ 시간적인 표현을 하기 위해 부사를 사용하여 '다음번에는'이라고 생각하고 next time이라고 말한다.

❷ '당신이'라고 생각하고 you라고 말한다.

❸ '반드시 알려줘야 하는 것은'이라고 생각하고 must inform이라고 말한다.

❹ '나에게'라고 생각하고 me라고 말한다.

❺ 구체적으로 무엇을 나에게 알려줘야 하는지를 말하기 위해 접속사를 사용한다. '어디로'라고 말하고 where이라고 말한다

❻ '당신이'라고 생각하고 you라고 말한다.

❼ '가고 있는지'라고 생각하고 are going이라고 말한다.

DAY 30

그 선생님이	만든 것은	하나의 해결책인데	그것은
The teacher	made	a solution	that
내가	좋아하는 해결책이다	가장.	
I	like	the most.	

❶ 주어는 '그 선생'이라고 생각하고 the teacher이라고 말한다.

❷ 서술어는 '만든 것은'이라고 생각하고 made라고 말한다.

❸ 목적어는 '하나의 해결책인데'라고 생각하고 a solution이라고 말한다.

❹ 구체적으로 어떤 해결책인지를 말하기 위해 해결책이라는 a solution을 가리키면서 '그것은'이라고 생각하고 that이라고 말한다.

❺ 어떤 해결책인지를 서술하는 과정에서 주어는 '내가'라고 생각하고 I라고 말한다.

❻ '좋아하는'이라고 생각하고 like라고 말한 후, 무엇에 대한 서술이었는지를 상기시키는 차원에서 '해결책이다'라고 마지막에 생각 정도만 해준다.

❼ 얼마나 좋아하는를 설명하기 위해 부사 '가장'이라고 생각하고 the most라고 말한다.

그 남자	그 남자는	내가 싫어하는 남자인데
The man	that	I don't like
그가 물어봤던 것은	바로 나의 전화번호였다	어제.
asked for	my phone number	yesterday.

❶ 주어는 '그 남자가'라고 생각하고 the man이라고 말한다. 구체적으로 어떤 남자인지를 서술하기 위해 그 남자는 가리키면서 '그것은'이라고 생각하고 that이라고 말한다.

❷ '내가 싫어하는'이라고 생각하고 I don't like라고 말한다. 그리고 that 뒤에서 그 남자에 대한 서술이 끝났으니 '싫어하는 남자인데' 정도로 생각하고 넘어간다.

❸ 앞서 that I don't like를 통해 그 남자는 내가 싫어하는 남자임을 서술하는 것을 마쳤으니, 그 남자가 한 행위임을 상기하는 차원에서 '그가'를 더해 '그가 물어본 것은'이라고 생각하고 asked라고 말한다.

❹ 구체적으로 무엇을 물어본 것인지를 말하기 위해 '(그건) 바로'라고 생각하고 전치사 for를 말한다.

❺ '내 전화번호'라고 생각하고 my phone number이라고 말하고 '내 전화번호였다'라고 생각하며 마무리 짓는다. 언제 휴대폰 번호를 물어봤는지 시간적 서술을 위해 부사를 사용하고 '어제'라고 생각하며 yesterday라고 말한다.

그가	절대로 동의하지 않은 것은 바로	그 전략에였는데
He	didn't agree to	the strategy
그건	모두가	당시에 기대해온 전략이었다.
that	everyone	had expected.

❶ 주어는 '그가'라고 생각하고 he라고 말한다.

❷ 서술어는 '절대 동의하지 않은 것은'이라고 생각하고 didn't agree라고 말한다.

❸ 구체적으로 무엇에 동의하지 않은 것인지 말하기 위해 '(그것은) 바로'라고 생각하고 전치사 to로 말한다.

❹ '그 전략에' 동의하지 않았다고 생각하면서 the strategy라고 말한다. 문장을 연결해나가야 하기 때문에 '그 전략에 였는데'라고 사고하는 데에 익숙해지면 좋다.

❺ 구체적으로 어떤 전략인지를 서술하기 위해 '그것은'이라고 생각하고 that이라고 말한다.

❻ 구체적으로 어떤 전략인지 서술하는 주어는 '모두가'라고 생각하고 everyone이라고 말한다.

❼ 서술어는 '당시에 기대해온 것'이라고 생각하고 had expected라고 말한다. 마무리를 짓자면 '당시에 기대했던 전략이었다'로 마무리 지을 수 있다.

그 자동차	그건	내 친구 아버지가 구매한 자동차인데	그건 지나치게 비쌌다.
The car	that	my friend's father bought	was too expensive.

❶ 주어는 '그 자동차'이고 the car라고 말한다.

❷ 구체적으로 어떤 자동차인지를 서술하기 위해 자동차를 가리키며 '그것은'이라고 생각하고 영어로 that이라고 말한다.

❸ 그 자동차에 대한 서술을 하기 위해 주어를 '내 친구의 아버지가'라고 생각하고 my friend's father이라고 말한다.

❹ '구매한'이라고 생각하고 bought라고 말한다. 그 자동차에 대한 서술이 끝났으니 '구매한 자동차인데'라고 생각하는 것이 좋다.

❺ 자동차가 어떤 자동차인지 구체화한 부분의 진술이 끝났으니 다시 그 해당 자동차에 대한 서술임을 기억하기 위해 [그것은]이라고 생각한다. 그리고 was라고 말한다.

❻ be동사에 대한 보어로 그 자동차가 어땠는지를 설명하기 위해 '지나치게 비쌌다'라고 생각하고 too expensive라고 말한다.

그 이웃들이	원했던 것은	하나의 멀티플렉스였는데
The neighbors	wanted	a multiplex
그것은	사람들이	충분히 즐길 수 있는 멀티플렉스다.
that	people	could enjoy.

❶ 주어는 '그 이웃들이'라고 생각하고 the neighbors라고 말한다.

❷ 서술어는 '원했던 것은'이라고 생각하고 wanted라고 말한다.

❸ 목적어는 '하나의 멀티플렉스'라고 생각하고 a multiplex라고 말한다.

❹ 구체적으로 어떤 멀티플렉스인지를 설명하기 위해 멀티플렉스를 가리키며 '그것은'이라고 생각하고 that이라고 말한다.

❺ 구체적으로 어떤 멀티플렉스인지 서술하는 과정에서 주어는 '사람들이'라고 생각하고 people이라고 말한다.

❻ 사람들이 무얼 하는 멀티플렉스인지 서술하기 위해 '충분히 즐길 수 있다'라고 생각하고 could enjoy라고 차례대로 말한다. 마지막으로 마무리하면서 그 서술이 멀티플렉스에 대한 서술임을 재확인하기 위해 마무리하면서 '충분히 즐길 수 있는 멀티플렉스다'로 마무리하는 것이 좋다.

DAY 31

그 음식	그것은	내가 좋아하는 음식인데
The food	which	I like
그것이 판매되는 것은		그것은 바로 식당에서이다.
is being sold		at the restaurant.

❶ '그 음식'이라고 생각하고 the food라고 말한다.

❷ 어떤 음식인지 서술하기 위해 '그것은'이라고 생각하고 which라고 말한다.

❸ 구체적으로 어떤 음식인지 서술하는 과정에서 '내가 좋아하는'이라고 생각하고 I like라고 말한다. 그 음식에 대한 구체적 서술이 끝났으니 '좋아하는 음식인데'라고 생각하는 것이 좋다.

❹ 음식에 대한 구체적 서술이 끝나고 다시 그 음식에 대한 서술어가 나올 차례이기에 '그것이 판매되는 것은'이라고 생각하고 is being sold라고 수동태로 말한다.

❺ 구체적으로 어디에서 판매되는지를 서술하기 위해 '그것은 바로'라고 생각하고 전치사 at를 사용한다.

❻ 구체적으로 어디에서 판매되는지 '그 레스토랑'이라고 생각하고 the restaurant라고 말한다. 문장이 끝났으니 '그 레스토랑에서 이다'라고 생각하고 말을 끝낸다.

우리가	반드시	가야 하는 것은	바로 그 창가 쪽 자리인데
We	must	go	to the window seat
그것은	내 삼촌이	디자인한 자리이다.	
which	my uncle	designed.	

❶ 주어는 '우리가'라고 생각하고 we라고 말한다. 서술어는 '반드시 가야 하는 것은'이라고 생각하고 must go라고 말한다.

❷ 구체적으로 어디로 가야 하는지를 서술하기 위해 '그건 바로'라고 생각하고 전치사 to를 사용한다. 가야 하는 것은 '그 창가 쪽 자리'라고 생각하고 the window seat라고 말한다. 구체적으로 그 창가 쪽 자리가 어떤 자리인지를 서술하기 위해 '그것은'이라고 생각하고 which라고 말한다.

❸ 서술을 시작하며 주어는 '내 삼촌이'라고 생각하고 my uncle이라고 말한다.

❹ 내 삼촌이 무얼 한 것인지 '디자인한'이라고 생각하고 designed라고 말한다. 지금 구체적으로 서술한 것이 창가 쪽 자리임을 다시 상기하기 위해 [디자인한 자리이다]라고 생각하는 것이 좋다.

내가	너무 흥분되는 것은	그건 바로 먹는 것이다	그건 바로 그 자리에서인데
I	am so much excited	about eating	at the seat
그것은	모두가	반드시 부러워할 것이다.	
which	everyone	will envy.	

❶ 주어는 '내가'라고 생각하고 I라고 말한다.

❷ 내가 '매우 흥분되는 것은'이라고 생각하고 am so much excited라고 말한다.

❸ 구체적으로 무엇에 대해 흥분되는지 서술하기 위해 '그건 바로'라고 생각하고 about이라고 말한다.

❹ 먹는 행위 자체를 하나의 명사로 말하기 위해서는 '먹는 것'이라고 생각하고 eating이라고 말한다.

❺ 구체적으로 어디에서 먹는지를 설명하기 위해 '그건 바로'라고 생각하고 at라고 말한다.

❻ 구체적으로 어디에서 먹는 것인지 설명하기 위해 '그 자리에서인데'라고 생각하고 the seat라고 말한다.

❼ 구체적으로 그 자리에서 먹는 행위 자체가 어떤 것인지를 서술하기 위해 '그것은'이라고 생각하고 which라고 말한다.

❽ '모두가'라고 생각하고 everyone이라고 말한다.

❾ '반드시 부러워할 것이다'라고 생각하고 will envy라고 말한다.

우리가	반드시	주문해야 하는 것은	그 메뉴인데
We	must	order	the menu
그건	내 친구가	정말 좋아하는 메뉴이다.	
which	my friend	really likes.	

❶ '우리가'라고 생각하고 we라고 말한다.

❷ '반드시 주문해야 하는 것은'이라고 생각하고 must order이라고 말한다.

❸ '그 메뉴인데'라고 생각하고 the menu라고 말한다.

❹ 그 메뉴에 대해 구체적으로 서술하기 위해 '그것은'이라고 생각하고 which라고 말한다.

❺ 그 메뉴를 서술하기 위해 주어를 '내 친구가'라고 생각하고 my friend라고 말한다.

❻ '정말로 좋아하는 메뉴이다'라고 생각하고 really likes라고 말한다.

사람들	바로 그 테이블 사람들이	주문한 것은
People	at the table	ordered
하나의 메뉴인데	그건	내가 좋아하는 메뉴이다.
a menu	which	I like.

❶ 주어는 '사람들 바로 그 테이블 사람들이'라고 생각하면서 people at the table이라고 말한다.

❷ 서술어는 '주문한 것은'이라고 생각하고 ordered라고 말한다.

❸ 목적어는 '하나의 메뉴인데'라고 생각하고 a menu라고 말한다.

❹ 구체적으로 어떤 메뉴인지 서술하기 위해 '그것은'이라고 생각하고 which라고 말한다.

❺ 어떤 메뉴인지 서술하기 위해 주어를 '내가'라고 생각하고 I라고 말한다.

❻ '좋아하는'이라고 생각하고 like라고 말한 후, 메뉴에 대한 구체적 서술이 끝났으니 '좋아하는 메뉴이다'라고 생각하며 마무리한다.

244

DAY 32

영상 보기

시민성이	교육되는 것은	그건 바로 학교에서인데	바로 그곳은
Citizenship	is educated	in school	in which
학생들이	학습하는 것이	의견	바로 타인의 의견인 학교이다.
students	learn	opinions	of others.

❶ 주어는 '시민성이'라고 생각하고 citizenship이라고 해석한다.

❷ 서술어는 '교육되는 것은'이라고 생각하고 is educated라고 말한다. 전치사를 통해 특히 어디에서 교육되는지를 구체화하기 위해 '그건 바로'라고 생각하고 in이라고 말한다.

❸ '학교에서인데'라고 생각하고 school이라고 말한다. 학교가 어떤 공간인지 서술하기 위해 '바로 그곳은'이라고 생각하고 in which라고 말한다.

❹ '학생들이'라고 생각하고 students라고 말한다.

❺ '학습하는 것이'라고 생각하고 learn이라고 말한다.

❻ '의견 바로 타인의 의견인'이라고 생각하고 opinions of others라고 말한다. in which가 학교에 대한 구체적 서술이었기에 '의견 바로 타인의 의견인 학교이다'라고까지 생각할 수 있어야 한다.

사람들이	원하는 건	좋은 친구들인데	바로 그들은
People	want	good friends	with whom
그들이	충분히 보낼 수 있는 것이	행복한 시간인 친구들이다.	
they	can spend	happy time.	

❶ 주어는 '사람들이'라고 생각하고 people이라고 말한다. 서술어는 '원하는 것은'이라고 생각하고 want라고 말한다.

❷ 목적어는 '친구들인데'라고 생각하고 good friends라고 말한다. 좋은 친구들이 어떤 좋은 친구들인지를 구체화하기 위해 '바로 그들은'이라고 생각하고 with whom이라고 말한다.

❸ 친구들이 어떤 사람들인지 서술하는 과정에서 '그들이'를 떠올리고 they라고 생각한다. '충분히 보낼 수 있는 것이'라고 생각하고 can spend라고 말한다.

❹ '행복한 시간인'이라고 생각하고 happy time이라고 말한다. 마무리를 위해 '행복한 시간인 시간이다'라고 생각할 수 있어야 한다.

엄마가	충분히 될 수 있는데	아이의 가장 친한 친구가	바로 그는
Mother	could be	a child's best friend	with whom
하나의 아이가	보내는 것이	대부분의 시간을 함께인 친구이다.	
a child	spend	most of the time together.	

❶ 주어는 '엄마가'라고 생각하고 mother이라고 말한다.
❷ 서술어는 '충분히'라고 생각하고 can be라고 말한다.
❸ 보어는 '아이의 가장 친한 친구가 될 수 있는데'라고 생각하고 a child's best friend라고 말한다.
❹ 아이의 가장 친한 친구라는 것이 어떤 것인지를 구체화하기 위해 '바로 그는'이라고 생각하고 with whom이라고 말한다.
❺ 아이의 가장 친한 친구가 무엇인지를 구체화하기 위한 주어는 '하나의 아이가'라고 생각하고 a child라고 말한다.
❻ '보내는 것이'라고 생각하고 spend라고 말한다.
❼ '대부분의 시간을 함께하는'이라고 생각하고 most of the time together이라고 말한다. 마무리하면서 '대부분의 시간을 함께하는 친구다'라고 마무리하는 것이 좋다.

아이들이	갔던 것은	바로 그 강가로 였는데	바로 그곳은
Children	went	to the riverside	at which
그들이	수영한 것이	바로 한 시간 동안이었던 강가이다.	
they	swam	for about an hour.	

❶ 문장을 시작하는 주어는 '아이들이'라고 생각하고 children이라고 말한다.
❷ 서술어는 '갔던 것은'이라고 생각하고 went라고 말한다.
❸ 구체적으로 어디로 갔던 것인지를 서술하기 위해 '그것은 바로'라고 생각하고 전치사 to를 사용한다.
❹ 갔던 목적지를 설명하기 위해 '그 강가로 였는데'라고 생각하고 the riverside라고 말한다.
❺ 그 강가가 어떤 강가인지를 설명하기 위해 '바로 그곳은'이라고 생각하고 at which라고 말한다.
❻ 그 강가에 대해 서술하기 위한 주어는 '그들이'라고 생각하고 they라고 말한다.
❼ 서술어는 '수영한 것이'라고 생각하고 swam이라고 말한다.
❽ 구체적으로 얼마나 수영했는지를 설명하기 위해 '그건 바로'라고 생각하고 전치사 for를 사용한다.
❾ 대략 얼마 동안 수영했는지를 구체화하기 위해 '대략 한 시간 동안'이라고 생각하고 about an hour이라고 말한다.

사람들이	놀랐던 것은	바로 아름다운 숲에 대해서였는데
People	were surprised at	the beautiful forest
바로 그곳으로부터	나타난 것은	한 강아지였다.
from which	appeared	a dog.

❶ 주어는 '사람들이'라고 생각하고 people이라고 말한다.

❷ 서술어는 '놀랐던 것은'이라고 생각하고 were surprised라고 말한다.

❸ 구체적으로 무엇에 놀랐는지 말하기 위해 '그건 바로'라고 생각하고 at이라고 말한다.

❹ 놀란 대상을 설명하기 위해 '그 아름다운 숲에 대해서였는데'라고 생각하고 the beautiful forest라고 말한다.

❺ 그 숲에 대해 구체적으로 서술하기 위해 '바로 그곳으로부터'라고 생각하고 from which 라고 말한다.

❻ 그 숲으로부터 무엇이 나타났는지를 설명하기 위해 서술어를 주어 앞에 먼저 쓸 수 있 다. '나타난 것은'이라고 생각하고 appeared라고 말한다.

❼ 강아지가 나타난 것이기에 '한 강아지였다'라고 생각하고 a dog이라고 말한다.

DAY 33

영상 보기

바로 대학에서,	그가	집중했던 것은 바로	관계	바로 친구들과의 관계였는데
At the university,	he	focused on	the relationship	with friends
그것으로 인해	그가	충분히 얻을 수 있었던 것은	많은 명성이었다.	
that	he	could get	a lot of fame.	

❶ 문장 서술에 앞서 어떤 상황에서 벌어진 일인지 먼저 설명하기 위해 '바로 그 대학에서'라고 생각하고 at the university라고 말한다.

❷ '그가 집중했던 것은 바로 관계 바로 친구들과의 관계였는데'라고 생각하고 차례대로 he focused on the relationship with friends라고 말한다.

❸ 앞 문장과 뒤 문장 간의 관계를 설명하기 위해 앞 문장을 가리킨다. 앞 문장 상황을 '그것'이라고 가리킨 후, 그 앞 문장의 논리에 따라서 어떤 일이 벌어졌는지를 뒤 문장에서 확인한다. 이 경우 '(그것)으로 인해서'라고 생각한다. 영어로는 이를 한마디로 that으로 표현한다.

❹ '그가 충분히 얻을 수 있었던 것은 많은 명성이다'라고 생각하고 he could get a lot of fame이라고 말한다.

몇몇 친구들이	시샘했던 것은 바로	그 학생에게 였고	그것으로 인해
Some friends	got jealous of	the student	that
그가	가졌던 것은	힘든 시간이었다.	
he	had	a hard time.	

❶ '몇몇 친구들이 시샘했던 것은 바로 그 학생에게 였고'라고 생각하고 차례대로 some friends got jealous of the student라고 말한다.

❷ 앞 문장과 뒤 문장 간의 관계를 설명하기 위해 앞 문장을 가리킨다. 앞 문장 상황 자체를 '그것'이라고 가리킨 후, 그 앞 문장의 논리에 따라서 어떤 일이 벌어졌는지를 뒤 문장에서 확인한다. 이 경우 '(그것)으로 인해서'라고 생각한다. 영어로는 이를 한마디로 that으로 표현한다.

❸ '그가 가졌던 것은 힘든 시간이었다'라고 생각하고 he had a hard time이라고 말한다.

사람들이	반드시	일해야 하는 것은	열심히인데
People	**must**	**work**	**hard**
그것으로 인해	그들이	가질 수 있는 것은	안락한 삶이다.
so that	**they**	**can have**	**a comfortable life.**

❶ '사람들은 반드시 일해야 하는 것은 열심히인데'라고 생각하고 people must work hard 라고 말한다.

❷ 앞 문장의 논리에서 뒤 문장으로 넘어가는 과정이 인과의 논리가 확실한 것은 '따라서 그 것으로 인해'라고 생각하고 so that이라고 차례대로 말한다.

  * 애초에 so를 '따라서'라고 해석한다.

❸ '그들이 가질 수 있는 것은 안락한 삶이다'라고 생각하고 they can have a comfortable life라고 말한다.

왜	사람들이	절대 존중하지 못하는 것은	서로서로인가?
Why	**do people**	**not respect**	**each other**
그로 인해	그들이	짜증나게 하는 것은	서로서로인가?
that	**they**	**annoy**	**each other?**

❶ '왜 도대체 사람들이 절대로 존중하지 않는 것은 서로인가'로 생각하고 순서대로 Why do people not respect each other라고 말한다.

❷ 앞 문장에서 얘기한 논리에 따라 뒤 문장의 상황이 왜 벌어지는지를 궁금해하는 과정이 기 때문에 '(그것)으로 인해서'라고 생각하고 that이라고 말한다.

❸ '그것으로 인해서'+'그들을 짜증 나게 하는 건 서로인가?'로 마무리 지으면 they annoy each other이라고 말할 수 있다.

우리가	반드시 극복할 것은	이 시대이다	그것으로 인해서
We	will overcome	this era	that
우리가	충분히 넘겨줄 것은	다음 세대에게	더 나은 세상이다.
we	can toss	the next generation	a better world.

❶ '우리가 반드시 극복할 것은 이 시대다'라고 생각하고 we will overcome this era라고 말한다.

❷ 앞 문장의 상황을 가리키면서 '그것'이라고 생각한다. 좀 더 구체적으로는 앞뒤 문장 논리를 위해 '(그것)으로 인해서'라고 생각한다. 그리고 that이라고 말한다.

❸ '그것으로 인해서'+'우리가 충분히 넘겨줄 수 있는 것은 다음 세대에게 더 나은 세상이다'라고 생각하고 we can toss the next generation a better world라고 말한다.

DAY 34

영상 보기

그럼에도 불구하고,	그 남자가	만나길 거부한 것은	그 여자였다.
Nevertheless,	the man	refused to meet	the woman.

❶ 앞 문장과의 논리 관계를 구체화하기 위해 사용하는 접속사는 '부사절 접속사'라고 부른다. '그럼에도 불구하고'라고 생각하고 nevertheless라고 말한다.

❷ 주어는 '그 남자가'라고 생각하고 the man이라고 말한다.

❸ 서술어는 '만나길 거부한 것은'이라고 생각하고 refused to meet라고 말한다. 이 경우에도 '동사'는 refused이고 'to meet'는 무엇을 거부했는지를 구체화하기 위해 전치사 to를 빌려와 뒤에 동사를 붙여 구체적으로 '만나는 행위를 거부했'고 이해하는 것이다. 하지만 이렇게 보면 문법적으로 너무 복잡하기 때문에 '서술어 덩어리'라고 생각하는 것이 좋다.

❹ '그 여자였다'라고 생각하고 the woman이라고 말한다.

이에 따라,	그들의 친구들이	결정한 것은
Therefore,	their friends	decided
준비하는 것이었는데	그건 바로 저녁 식사를	바로 그들을 위해서였다.
to prepare	for a dinner table	for them.

❶ 앞 문장과의 논리를 나타내기 위해 '그에 따라서'라고 생각하고 therefore이라고 말한다.

❷ 주어는 '그들의 친구들이'라고 생각하고 their friends라고 말한다.

❸ 서술어는 '준비하려 한 것은'이라고 생각하고 decided to prepared이라고 말한다. decide는 무언가를 '결정하다'라는 의미를 가지기 때문에 decide to V의 형태는 'V하려 하다'라고 이해할 수 있다.

❹ '준비하려 한 것은' 무엇인지 구체적으로 서술하기 위해 '그건 바로'라고 생각하고 전치사 for를 사용한다.

❺ '저녁 식사인데'라고 생각하고 a dinner table이라는 표현을 사용한다.

❻ 구체적으로 누굴 위해 준비했는지를 설명하기 위해 '그건 바로 그들을 위해서였다'라고 생각하고 for them이라고 말한다.

바로 그가 본 것이	그녀인 다음에,	그가
After he saw	**her,**	**he**
도망가려 했던 것은	바로 그 상황으로부터 였다.	
tried to run away	**from the situation.**	

❶ '바로 그가 본 것이 그녀인 다음에'라고 생각하고 after he saw her이라고 말한다.

❷ 주어는 '그가'라고 생각하고 he라고 말한다.

❸ '도망가려 했던 것은'이라고 생각하고 tried to run away라고 말한다. try라는 동사는 '시도하다'라는 의미인데, 구체적으로 무얼 시도했는지를 뒤에서 to run away라고 서술한 것이다. 시도를 하긴 했는데 구체적으로 '도망가려는 것'을 시도했다는 것이기에 '도망가려했던 것은'이라고 생각할 수 있는 것이다.

❹ 구체적으로 무엇으로부터 도망가려 했는지를 서술하기 위해 '그건 바로'라고 생각하고 전치사 from이라고 말한다. '그 상황으로부터'라고 생각하고 the situation이리고 말한다. 이에 따라 '그건 바로 그 상황으로부터였다'라는 뜻을 from the situation이라고 말한다.

그러나,	그가	탈출하지 못한 것은	바로 그 장소로부터 였다.
However,	**he**	**failed to escape**	**from the place.**

❶ 앞 문장과의 관계를 나타내기 위해 '그러나'라고 생각하고 however이라고 말한다.

❷ 주어는 '그가'라고 생각하고 he라고 말한다.

❸ '탈출하지 못한 것은'이라고 생각하고 failed to escape이라고 말한다. 엄밀히 따지면 '실패한 것은 바로 탈출한 것이다'라고 이해하고 failed to escape라고 말할 수 있다. 역시 이 경우에도 문법적으로 접근하면 한도 끝도 없다. 서술어를 덩어리로 이해하여 '탈출하지 못한 것은'이라고 이해하는 것이 좋다.

❹ 구체적으로 무엇으로부터 탈출했는지를 '그건 바로'라고 생각하고 from이라고 말한다. '그 장소로부터다'라고 생각하고 the place라고 말한다.

252

그녀가	오직 갖고 싶었던 것은	한 잔의 커피였는데	그건 바로 그와 였다.
She	only wanted to	have a cup of coffee	with him.

❶ 주어는 '그녀가'라고 생각하고 she라고 말한다.

❷ '오직 갖고 싶었던 것은'이라고 생각하고 only wanted to have라고 말한다.

❸ '한 잔의 커피였는데'라고 생각하고 a cup of coffee라고 말한다.

❹ 구체적으로 누구와 마시고 싶은지를 말하기 위해 '그건 바로 그녀와였다'라고 생각하고 with him이라고 말한다.

DAY 35

새로운 관점	그건 바로 보는 것이 세상인 관점인데
New perspecitve	to see the world
그것이 절대 나타나지 않는 것은	쉽게이다.
never emerge	easily.

❶ '새로운 관점'이라는 것이 구체적으로 어떤 새로운 관점인지를 서술하기 위해 '그건 바로 보는 것이 세상인 관점'이라고 생각해줘야 한다. 이에 따라 주어는 '새로운 관점 그건 바로 보는 것이 세상인 새로운 관점'이라고 생각하고 new perspective to see the world라고 말한다.

❷ '절대로 나타나지 않는 것은'이라고 생각하고 never emerge라고 말한다.

❸ 절대로 나타나지 않는 것이 어떻게 절대 나타나지 않으면 '쉽게는 나타나지 않는다'라는 의미를 갖기에 이를 영어로 easily라고 표현한다.

사람들이	바라는 것은	재밌는 이야기들인데	그건 바로 들을 만한 이야기이다.
People	want	fun stories	to listen to.

❶ 주어는 '사람들이'라고 생각하고 people이라고 말한다.

❷ 서술어는 '원하는 것은'이라고 생각하고 want라고 말한다.

❸ 목적어는 '재미있는 이야기들'이라고 생각하고 fun stories라고 말한다.

❹ 구체적으로 어떤 이야기인지 서술하기 위해 '그건 바로 들을 만한 이야기'라고 생각하고 to listen to라고 말한다.

이야기들이	만들어내는 것은	방향들인데	그건 바로 우리가 나아갈 방향들이다.
Stories	make	directions	for us to advance.

❶ 주어는 '이야기들이'라고 생각하고 stories라고 말한다.

❷ 서술어는 '만드는 것은'이라고 생각하고 make라고 말한다.

❸ 목적어는 '방향들인데'라고 생각하고 directions라고 말한다.

❹ 앞서 언급한 '방향들'이 누가(S) 무얼 하는(V) 방향들인지를 구체적으로 서술하기 위해 SV 앞에 각각 for와 to라는 전치사를 붙여 표현한다. 원래 전치사는 '구체화'하는 역할을 하니까. 이에 따라 '그건 바로 우리가 나아갈 방향들이다'라고 생각하고 for us to advance라고 말한다.

우리가	반드시	기억해야 하는 것은
We	must	remember
글자들인데	그건 바로 사라질 글자들이다	곧.
the letters	to disappear	soon.

❶ '우리가'라고 생각하고 we라고 말한다.

❷ '반드시 기억해야 하는 것은'이라고 생각하고 must remember이라고 말한다.

❸ '그 글자들인데'라고 생각하고 the letters라고 말한다.

❹ 글자들이긴 한데 구체적으로 어떤 특징을 갖는 글자들인지를 서술하기 위해 '그건 바로 사라질 글자들이다'라고 생각하고 to disapper라고 말한다.

  * 영어에 친숙하지 않은 사람들이 특히 어색해하는 표현이 '명사+to+V'의 형태다. 이에 친숙해지기 위해서는 전치사의 특징인 '구체화'를 기억하는 것이 중요하다. 전치사 중에서도 다른 전치사가 아닌 'to'를 쓰는 이유는 전치사 to에 어느 쪽을 '향하는' 의미가 있기 때문이다. 명사가 어떤 명사냐면 구체적으로 V라는 행위를 앞으로 하게될 명사라는 의미를 갖기 때문에 전치사 to를 V(동사) 앞에 위치하는 게 원어민들에게는 참 적절하게 느껴지는 것이다.

글자가	나타내는 건	상징인데	그건 바로 우리가 기억해야 하는 상징이다.
Letters	represent	symbols	for us to remember.

❶ 주어는 '글자가'라고 생각하고 letters라고 말한다.

❷ '나타내는 것은'이라고 생각하고 represent라고 말한다.

❸ '상징인데'라고 생각하고 symbols라고 말한다.

❹ 상징이 어떤 상징인지를 설명하기 위해 '그건 바로 우리가 기억해야 하는 상징이다'라고 생각하고 for us to remember이라고 말한다. 여기에서도 to V 특징을 알 수 있다. '우리가 기억하는' 상징이라고 이해하는 것이 아니라 '우리가 기억해야 할' 상징이라고 이해하는 것이 올바르다. 전치사 'to'에는 무언가로 '향하는' 의미가 있기 때문에 '앞으로 어떻게 해야 할'이라는 뜻을 가진다.

DAY 36

영상 보기

그 연구자들이	최선을 다했는데	그건 바로 발견하는 것이 그 답이기 위해서였다.
The researchers	**tried their best**	**to find the answer.**

❶ 주어는 '그 연구자들이'라고 생각하고 the researchers라고 말한다.

❷ 서술어는 '최선을 다했는데'라고 생각하고 tried their best라고 말한다.

❸ 최선을 다한 앞 문장의 내용이 구체적으로 '그건 바로 발견하는 것이 그 답이기 위해서'
한 것이라고 생각하고 to find the answer이라고 말한다.

회사들이	디자인하는 것은	그 주변 조건인데
Firms	**design**	**the surrounding condition**

그건 바로 고용하는 것이 더 나은 디자이너이기 위해서이다.

to employ better designers.

❶ 주어는 '회사들이'라고 생각하고 firms라고 말한다.

❷ 서술어는 '디자인하는 것은'이라고 생각하고 design이라고 말한다.

❸ 목적어는 '그 주변 조건인데'라고 생각하고 the surrounding condition이라고 말한다.

❹ 회사들이 디자인한 것은 그 주변 조건인데 구체적으로 무얼 하기 위해 그런 것인지를 서
술하기 위해 to V를 사용한다. '그건 바로 고용하는 것이 더 나은 디자이너이기 위해서'라
고 생각하고 to employ better designers라고 말한다.

사람들이	반드시	고려해야 하는 것은
People	must	consider
그 상태	바로 생태계의 상태인데	그건 바로 사람들이 일하게 하기 위해서 이다 더 편하게.
the sate	of the ecosystem	for people to work more comfortably.

❶ 주어는 '사람들이'라고 생각하고 people이라고 말한다.
❷ 서술어는 '반드시 고려해야 하는 것은'이라고 생각하고 must consider라고 말한다.
❸ 목적어는 '그 상태 바로 그 생태계의 상태인데'라고 생각하고 the state of the ecosystem이라고 말한다.
❹ 앞 문장에서 서술한 내용이 구체적으로 누가 무얼 하기 위해 한 것인지를 설명하기 위해 for S to V의 형태를 활용할 것이다. '그건 바로 사람들이 일하게 하기 위해서 이다 더 편하게'라고 생각하고 for people to work more comfortably 라고 사고의 순서대로 말한다.

조직들이	반드시	준비해야 하는 건 바로
Organizations	must	prepare for
휴게실인데	그건 바로 그 노동자들이 쉴 수 있게 하기 위해서이다.	
the staff lounge	for the employees to take a rest.	

❶ 주어는 '조직들이'라고 생각하고 organizations라고 말한다.
❷ '반드시 준비해야 하는 것은'이라고 생각하고 must prepare이라고 말한다.
❸ 구체적으로 무엇을 준비해야 하는지를 서술하기 위해 '그건 바로 휴게실인데'라고 생각하고 for the staff lounge라고 말한다.
❹ 조직들이 그런 휴게실을 만들어야 하는 이유에 대해서 구체화하기 위해 for S to V의 형태를 활용한다. '그건 바로 그 노동자들이 쉴 수 있게 하기 위해서다'라고 생각하고 for the employees to take a rest라고 말한다.

그 결정이	당시에 취소된 것은	그건 바로 지원하는 것이 그 회사이기 위해서이다.
The decision	has been cancelled	to finance the company.

❶ 주어는 '그 결정이'라고 생각하고 the decision이라고 말한다.
❷ 서술어는 '당시에 취소된 것은'이라고 생각하고 has been cancelled라고 말한다.
❸ 그 결정이 취소된 이유를 구체화하기 위해 '그건 바로 지원하는 것이 그 회사이기 위해서'라고 생각하고 to finance the company라고 말한다.

DAY 37

영상 보기

그 트레이너들	바로 헬스장의 트레이너들이	본 것은
The trainers	in the gym	saw

그가 고군분투하는 것이 바로 그 기구를 다루는 데인 것이다.

his struggling with the equipment.

❶ '그 트레이너들 바로 헬스장의 트레이너들이'가 주어라고 생각하고 이를 the trainers in the gym이라고 말한다.

❷ '본 것은'이라고 생각하고 saw라고 말한다.

❸ '그가 고군분투하는 것이 바로 그 기구를 다루는 데인 것'이라고 생각하고 차례대로 튀어 나오는 말들을 세련되게 가다듬어보면 된다. his struggling with the equipment라고 말 할 수 있다.

그 사람	바로 그녀 옆에 사람이	방해한 것은
The man	next to her	disturbed

그녀가 운동하는 것이다.

her exercising.

❶ '그 사람 바로 그녀 옆에 사람이'라고 생각하고 the man next to her이라고 말한다.

❷ '방해한 것은'이라고 생각하고 disturbed라고 말한다.

❸ 무엇을 방해했는지 설명하기 위해 '그녀가 운동하는 것'이라고 생각한다. she+exercise 의 형태를 she를 소유격으로 바꾸고 exercise에는 ing를 붙여서 her exercising으로 바꾸 어 말한다.

바로 운동 후,	새 트레이너가	언급한 것은 바로
After the exercise,	the new trainer	mentioned of

키 큰 남자가 운동하는 것에 대해서였다.
the tall guy's exercising.

❶ '바로 운동 후'라고 생각하고 after the exercise라고 말한다.
❷ '새 트레이너가'라고 생각하고 the new trainer이라고 말한다.
❸ '언급한 것은 바로'이라고 생각하고 mentioned of라고 말한다.
❹ 구체적으로 무엇을 언급했는지를 설명하기 위해 '키 큰 남자가 운동하는 것'이라고 생각하고 the tall guy's exercising이라고 말한다.

그 커플이	다퉜던 것은 바로	그들이 사용하는 것이 그 장비인 것에 대해서 였다.
The couple	quarreled over	their using the equipment.

❶ 주어는 '그 커플이'라고 생각하고 the couple이라고 말한다.
❷ 서술어는 '다퉜던 것은 바로'라고 생각하고 querreled over이라고 말한다.
❸ 구체적으로 무엇에 대해 다퉜는지를 서술하는 부분이다. '그들이 사용하는 것이 그 장비인 것에 대해서'라고 생각하고 their using the equipment라고 차례대로 말한다.

경찰이	질문했던 것은	바로 그 커플이 싸운 것에 대해서 였다.
The police	asked	about the couple's fighting.

❶ 주어는 '그 경찰이'라고 생각하고 the police라고 말한다.
❷ '물어봤던 것은 바로'라고 생각하고 asked about이라고 말한다.
❸ 구체적으로 무엇을 물어봤는지 말하기 위해 '그 커플이 싸우는 것에 대해서 였다'라고 생각하고 the couple's fighting이라고 말한다.

DAY 38

영상 보기

내가	간 것은	바로 영화관이었고,
I	went to	the movie theatre,
본 것은	아바타2 였다.	
watching	*Avatar 2.*	

❶ '내가'라고 생각하고 I 라고 말한다.
❷ '간 것은'이라고 생각하고 went라고 말한다.
❸ 구체적으로 어디인지를 서술하기 위해 '그건 바로 영화관이었고'라고 생각하고 to the movie theatre라고 말한다.
❹ 주어는 앞 문장과 같은 I이기 때문에 반복되어 생략하고, watch가 서술어인데 접속사 and가 없으니 ing로 대체해 watching이라고 말한다.
❺ Avatar 2가 목적어이다.

그 주인공은	강력했고,	무찌른 건	적군들이었다.
The main character	was strong,	defeating	the enemies.

❶ '그 주인공'이라고 생각하고 the main character라고 말한다.
❷ 서술어는 '은'이라고 생각하고 was 라고 말한다.
❸ 보어는 구체적으로 '강력했고'라고 생각하고 strong이라고 말한다.
❹ 주어는 반복되어 생략하고, 서술어 defeat에 접속사 and가 없으니 ing로 대체해 defeating이라고 말한다.
❺ the enemies가 목적어이다.

우리가	가졌던 것은	대화였고,
We	**had**	**a conversation,**
토론한 것은	바로 그 문제에 대해서였다.	
debating	**on the issue.**	

❶ '우리가'라고 생각하고 we라고 말한다.
❷ 서술어는 '가졌던 것은'이라고 생각하고 had라고 말한다.
❸ 목적어는 '대화였고'라고 생각하고 a conversation이라고 말한다.
❹ 주어는 앞 문장과 반복되어 생략한다.
❺ 서술어는 debate인데 접속사 and가 없으니 ing로 대체하고 debating이라고 말한다.
❻ 구체적으로 토론한 것이 '그 문제애 대해서'이기 때문에 on the issue라고 말한다.

팬들이	봤던 것은	그 연예인이었고,
The fans	**saw**	**the celebrity,**
뛰었던 것은	바로 그 사람을 향해서였다.	
running	**towards the person.**	

❶ '그 팬들이'라고 생각하고 The fans라고 말한다.
❷ '봤던 것은'이라고 생각하고 saw라고 말한다.
❸ 목적어는 '그 연예인이었고'이라고 생각하고 the celebrity라고 말한다.
❹ 주어는 반복되어 생략하고 run이 서술어인데 접속사 and가 없으니 running이라고 말한다.
❺ '그건 바로 그 사람을 향해서였다'라고 생각하고 towards the person이라고 말한다.

우리가	사는 것은	부지런히 이고,
We	**live**	**diligently,**
얻고 싶은 것은	행복이다.	
striving	**to get happiness.**	

❶ '우리가'라고 생각하고 We라고 말한다.
❷ '사는 것은'이라고 생각하고 live라고 말한다.
❸ '부지런하게'라고 생각하고 diligently라고 말한다.
❹ 주어는 앞 문장과 같아 생략하고, strive to get이 서술어인데 ing로 대체해 striving to get이라고 말한다.
❺ 목적어는 '행복이다'라고 생각하고 happiness라고 말한다.

DAY 39

영상 보기

만약	내가	가졌던 것이	기회라면,
If	I	had	a chance
내가	아마도 만날 수 있었던 것은	그녀였을 텐데.	
I	might have met	her.	

❶ If로 시작하며 '가정'함을 알려준다.
❷ '만약 내가'라고 생각하고 If I 라고 말한다.
❸ '가졌던 것은'이라고 생각하고 had라고 말한다.
❹ '하나의 기회였다면'이라고 생각하고 a chance라고 말한다.
❺ 뒤 문장 역시 '내가'라고 생각하고 I라고 말한 뒤 '아마도 만날 수 있었던 것은'이라고 생각하고 might have met이라고 말한다.
❻ '그녀였을 텐데'라고 생각하고 her라고 말한다.

만약	그들이	방문했던 것이	그 레스토랑이었다면,
If	they	had visited	the restaurant,
그들이	충분히 당시에 좋아했을 것은	그 장소였을 텐데.	
they	could have liked	the place.	

❶ If로 시작하며 '가정'함을 알려준 뒤 '그들이'라고 생각하고 they 라고 말한다.
❷ '당시에 방문했던 것은'이라고 생각하고 had visited라고 말한다.
❸ '레스토랑이었다면'이라고 생각하고 the restaurant라고 말한다.
❹ 그들이 '충분히 당시에 좋아했을 것은'이라고 생각하고 could have liked라고 말한다.
❺ '그 장소였을 텐데'라고 생각하고 the place라고 말한다.

만약	우리가	당시에 만났던 것이	2년 전이었다면,
If	we	had met	2 years ago,
우리가	아마도 사랑에 빠졌을 것은	바로 서로와 였을 텐데.	
we	might have fallen	in love with each other.	

❶ 접속사 If로 시작하며 '가정'함을 알려준다. '만약 우리가'라고 생각하고 If we라고 말한다.

❷ '당시에 만났던 것이'라고 생각하고 had met이라고 말한다.

❸ '2년 전이었다면'이라고 생각하고 2 years ago라고 말한다.

❹ '우리가'라고 생각하고 we라고 말한다.

❺ '아마도 당시에 사랑에 빠졌을 것은'이라고 생각하고 might have fallen이라고 말한다.

❻ 구체적으로 사랑에 빠졌을 것은 '그건 바로 서로와 였을 텐데'라고 생각하고 in love with each other라고 말한다.

만약	인간이	당시에 살았던 것이
If	human beings	had lived
바로 그런 방식으로였다면,	그들은	반드시 당시에 멸종했을 것이다.
in such a way,	they	would have disappeared.

❶ '가정'이므로 If로 시작한다.

❷ '인간들이'가 주어이므로 human beings라고 말한다.

❸ '당시에 살았던 것이'라고 생각하고 had lived라고 서술한다.

❹ '바로 그와 같은 방식으로였다면'이라고 구체화하고 in such a way라고 말한다.

❺ '그들이'라고 생각하고 they라고 말한다.

❻ '아마도 반드시 당시에 멸종했을 것이다'라고 생각하고 would have disappeared라고 말한다.

만약	그가	당시에 먹었던 것이
If	he	had eaten
그 음식이었다면,	그는	아마도 점점 더 건강해졌을 텐데.
the food	he	might have become healthier.

❶ '만약'이라고 생각하고 가정함을 알려주기 위해 If라고 말한다.

❷ '그가'라고 생각하고 he라고 말한다.

❸ '당시에 먹었던 것이'라고 생각하고 had eaten이라고 서술한다.

❹ '그 음식이었다면'이라고 생각하고 the food라고 말한다.

❺ '그가'라고 생각하고 he, '아마도 점점 건강해졌을 텐데'라고 생각하고 might have become healthier라고 말한다.

DAY 40

영상 보기

혹시	그 남자가	준 것은
Did	the man	give
당신에게	선물이었나요?	
you	the present?	

❶ '혹시'라고 생각하고 조동사 Did를 쓴다.
❷ 주어 '그 남자가'는 the man이라고 말한다.
❸ '준 것은'이라고 생각하고 give라고 서술한다.
❹ 목적어는 '당신에게'라고 생각하고 you라고 말한다.
❺ 목적어 '그 선물이었나요?'는 the present라고 말한다.

혹시	당신이	건네줄 수 있는 것은
Could	you	pass
나에게	소금인가요	제발?
me	the salt	please?

❶ '혹시'라고 생각하고 조동사 Could를 쓴다.
❷ '당신이'라고 생각하고 주어는 you라고 말한다.
❸ 서술어로 '건네줄 수 있는 것은'이라고 생각하고 pass라고 말한다.
❹ 목적어 '나에게'는 me라고 말한다.
❺ 목적어 '그 소금인가요'는 the salt라고 말한다.
❻ '제발'이라는 부사는 please라고 말한다.

혹시	당신이	앉을 수 있는 것은	바로 내 옆에인가요?
Would	you	sit	next to me?

❶ '혹시'는 조동사 Would라고 말한다.
❷ '당신이'라고 생각하고 you라고 말한다.
❸ 서술어는 '앉을 수 있는 것은'이라고 생각하고 sit이라고 말한다.
❹ '앉을 수 있는 것'을 구체화해 '바로 내 옆인가'라고 생각하고 next to me라고 말한다.

혹시	당신이	집중하고 있는 것은	나에게 인가요?
Are	you	paying attention	to me?

❶ '혹시'라고 생각하고 are라고 말한다.
❷ 주어 '당신이'는 you라고 말한다.
❸ 서술어 '집중하고 있는 것은'이라고 생각하고 paying attention이라고 말한다.
❹ 구체적으로 그것은 '바로 나에게인가요?'라고 생각하고 to me라고 말한다.

혹시	당신이	아는 것은	김치인가요?
Do	you	know	kimchi?

❶ '혹시'는 Do라고 말한다.
❷ 주어 '당신이'는 you라고 말한다.
❸ 서술어는 '아는 것은'이라고 생각하고 know라고 말한다.
❹ 무엇을 아는지에 따르는 목적어는 '김치인가요?'라고 생각하고 kimchi라고 말한다.

KI신서10692

국내파 99%가 모르는
하루 10초 영어 뇌 만들기

1판 1쇄 인쇄 2023년 2월 15일
1판 1쇄 발행 2023년 2월 24일

지은이 윤훈관
펴낸이 김영곤
펴낸곳 ㈜북이십일 21세기북스

인생명강팀장 윤서진 **인생명강팀** 최은아 강혜지 황보주향 심세미
디자인 THIS-COVER **원고검수** 김기민
출판마케팅영업본부장 민안기
마케팅2팀 나은경 정유진 박보미 백다희
출판영업팀 최명열 김다운
제작팀 이영민 권경민

출판등록 2000년 5월 6일 제406-2003-061호
주소 (10881) 경기도 파주시 회동길 201(문발동)
대표전화 031-955-2100 **팩스** 031-955-2151 **이메일** book21@book21.co.kr

(주)북이십일 경계를 허무는 콘텐츠 리더

21세기북스 채널에서 도서 정보와 다양한 영상자료, 이벤트를 만나세요!
페이스북 facebook.com/jiinpill21   포스트 post.naver.com/21c_editors
인스타그램 instagram.com/jiinpill21   홈페이지 www.book21.com
유튜브 youtube.com/book21pub

서울대 가지 않아도 들을 수 있는 명강의! 〈서가명강〉
'서가명강'에서는 〈서가명강〉과 〈인생명강〉을 함께 만날 수 있습니다.
유튜브, 네이버, 팟캐스트에서 '서가명강'을 검색해보세요!

ⓒ 윤훈관, 2023

ISBN 978-89-509-6873-1 13740